這是我專屬的旅遊手冊……

貼上你最帥氣或是最水的照片吧！

我是
....

我的聯絡方式：

個人專線：
....

電子信箱：
....

住　址：
....

在這本書裡，我們探訪的路線主要分為「新店」和「烏來」兩個部分，內容包含了行前準備、知識補給站、路線圖及說明、活動景點、美食地圖和爸爸媽媽資訊站等單元，最後會有讓使用者塗鴉、收集樹葉、放照片的空間。以下是這本書的使用方式，請務必先研究一下再出發喔！

本書的使用方法是這樣的：

出發前

小朋友看這邊：

ONE 行前準備：

這部分是讓你準備這趟旅程中要攜帶的物品，並了解在途中要注意的事情。

TWO 知識補給站：

讓你先對目的地有一些基本的認識，並靠著自己的能力去搜集資訊、安排行程。

THREE 路線圖及說明：

讓你知道目的地的位置和此次活動的範圍，並針對會經過的景點稍加說明。這部分的地圖在出遊過程中相當重要，記得要多注意一下各個景點的位置喔！

小朋友的爸媽看這邊：

爸爸媽媽資訊站：

爸媽看看這裡，能讓小朋友的這趟旅程更加順利，玩得更開心，也讓您更安心喔！另外，交通工具的選擇、如何把小朋友順利帶到活動地點等問題，都有勞您多多費心了。

小朋友看這邊：

ONE 活動景點：

我們一起到各個景點走走看看吧！每站裡會有一些考考你的小問題和為你設計的活動，一起來挑戰看看吧

TWO 美食地圖：

你累了嗎？肚子餓了嗎？快來找間美食餐廳休息一下，好好大吃一頓吧！

THREE 我的落葉收藏區：

美麗特殊的落葉當然別放過，但不能偷摘樹上的喔！

FOUR 我的生物記錄區、塗鴉區：

你在步道旁遇見了什麼呢？是青蛙、蝴蝶，還是鳥兒？把一路上所見所聞都記下來，讓這本書變成你個人專屬的活動日記！

FIVE 我的活動照片區：

把你最帥最美的表情通通放進來吧！

出發了

回家後

好好整理你的旅程紀錄，並大方的秀出來吧！

台灣被稱為 "Formosa"（美麗之島），是因為她有山有水、生態多樣、人文景觀豐富，就像一本多采多姿、讓人想一讀再讀的書；可惜的是，台灣的旅遊型態一直停留在走馬看花、吃喝玩樂的層面上，尤其是學童的校外教學活動，往往只有遊玩而沒有教學，因此，基於希望孩童從遊玩中學習的想法，身為小學教師的我們，接下了編寫這本另類導覽書的任務。

這本書和其他導覽書最大的不同在於：它是一本從孩童觀點來寫的書，出版這本書的目的，是要教孩童透過實地體驗，學會怎麼「自主遊玩」，進而從「自主遊玩」引起學童「自主學習」的動機。為了安排一趟快樂的旅行，孩童要學習自己閱讀、查資料，甚至學習看地圖、規劃交通路線……。在旅遊前的路線規劃及相關資料蒐集，可以訓練孩子思考與規劃能力；而旅遊時，由於行程是孩子事先規劃的，到達旅遊景點後，孩子自然有探索的目標與學習的主題，這樣一來，旅遊除了美景、美食外，在輕鬆愉快的氛圍裡，無形中培養孩子學習與體驗的習慣。「旅遊」是一種實地體驗，「學習」是一種習慣，當孩子有學習的習慣時，更能從旅行中充分獲得美妙的體驗。而父母和老師只扮演從旁引導的角色，藉由以孩童為主導的旅行方式，讓孩子學到更多與生活結合的知識，培養生活能力；更重要的是，我們期待透過這種旅遊方式，讓孩童更喜

愛與珍惜旅途中的人、事、物，更增加愛鄉愛土的情懷。

　　新店、烏來路線中的導覽員黑熊叔叔，是個「無所不知」的胖叔叔；小樹蛙是個可愛的小女生，總是好奇的問東問西；溪哥是小樹蛙念小學六年級的哥哥，有主見，喜愛大自然。透過他們的介紹，學童可以了解新烏線景點的特色和資訊，除了跟著他們去玩，學童也可以學他們的方式，去自行規劃不同的旅遊路線，帶著家人去玩，希望這本書能讓小讀者們都成為最棒的小小導遊。

　　為了寫這本書，和夥伴們上山下溪，到新烏線各景點探勘多次，每個景點都自己試玩一次，除了要了解這些地方好不好玩之外，也從老師的角度分析旅遊行程中，能否達成讓孩童學習的目標，期盼他們能利用旅行走讀台灣，成為另類的學習方式。

焦妮娜／翁詩韻／林家弘

行前準備

▶▶▶

　　小朋友你好，我是要帶大家去逛新店和烏來的黑熊叔叔，因為我又胖又高，皮膚很黑，而且像台灣黑熊一樣勇敢，所以大家都叫我「黑熊叔叔」，不過請不用擔心，我的脾氣可不像黑熊那麼暴躁，我可是個溫柔細心的黑熊喔！現在就請你跟著我和溪哥、小樹蛙，一起踏上我們的新烏之旅吧！

　　在出發之前，你要先看清楚去新店、烏來的路線圖，了解新烏線有哪些景點？各景點的距離有多遠？再仔細了解一下，從你家到新烏線要搭乘什麼交通工具？還有各景點之間的交通情形？一天之內你可以規劃的行程有哪些？途中有沒有可以用餐的地方？有了詳細規劃之後，才開始整理行囊，準備出發。

　　整理裝備的時候，也要配合今天要去的地方做規劃，因為新烏線沿路有山有水，都是風景秀麗的水岸山野，當然要穿著輕便的衣褲、布鞋、帽子，也不

要忘了帶水壺、雨具,如果想要去溪邊玩水,也可以帶一雙涼鞋。如果要去烏來泡溫泉,換穿衣物當然是一定要帶的。

此外,為了玩得更有收穫,地圖、照相機、放大鏡、望遠鏡、指北針、鉛筆、動植物圖鑑等都是不可以忘記的必備品喔!因為是野外旅行,所以也不要忘了隨身攜帶防蚊液、防晒油、暈車藥等,如果是坐公車或捷運去玩,悠遊卡和零錢都要準備好。

裝備整理好了嗎?現在就讓黑熊叔叔、溪哥和小樹蛙,一起帶你體驗知性與歡樂兼具的「新烏快樂行」吧!

帶了打勾	攜帶物品	功　能	備　註
	帽　子	天氣晴朗或下雨都可以派得上用場	鴨舌帽或賞鳥帽最好
	輕便雨衣或雨傘	下雨的時候可以用得到	雨衣一件30元，雨傘一把100元，超商都有賣
	球　鞋	一定要穿！爬山時切忌穿涼鞋或拖鞋	襪子也要穿，球鞋另一個功能是防蟲與防蛇
	毛巾或手帕	流汗時可以擦汗，免得著涼	太陽很烈時可以圍在脖子上，避免被晒傷
	望遠鏡	山區鳥況很好，有望遠鏡可以仔細觀察	選擇望遠倍率在8～24倍之間的望遠鏡
	數位相機	為旅遊留下紀念	出發前記得確認電池、記憶卡夠不夠用
	零錢、悠遊卡	搭公車時可以用	零錢大約準備150元左右，搭乘往烏來公車使用悠遊卡需補差額

餐點、零食		為中途肚子餓或找不到餐廳時充饑之用	盡量避免攜帶流質食物，建議帶麵包、餅乾或事先用保鮮盒裝起來的食物
飲　水		爬山時補充水分相當重要	可以準備兩小瓶的礦泉水，但切記不要在很熱時一下灌進一堆水
垃圾袋		裝垃圾	山區沒有垃圾筒，請將垃圾帶下山，維護環境清潔
地圖、指北針		確認行進路線、方位	出發前請先配合本書，在家好好研究一番，標示出會去的景點路線
放大鏡		近距離觀察生物時必備	放大鏡為玻璃材質，請小心存放，避免撞擊
筆		記錄、畫圖用	鉛筆、原子筆、彩虹筆可以各帶幾枝
圖　鑑		觀察生物時使用	可準備青蛙、鳥類、昆蟲圖鑑
藥　品		預防身體不適	暈車藥、止癢藥膏、防蚊液

▶ ▶ ▶

在出發前，你可以參考下面的書籍喔！

1.戶外生活出版的《台北縣玩樂吃喝便利旅圖》
2.行遍天下出版的《新店烏來衛星定位旅遊地圖書》
3.社團法人台北市野鳥學會出版的《台灣常見100種鳥類》
4.社團法人台北市野鳥學會出版的《台灣32種蛙類圖鑑》
5.社團法人台北市野鳥學會出版的《臺灣120種蜻蜓圖鑑》
6.社團法人台北市野鳥學會出版的《臺灣132種甲蟲圖鑑》
7.社團法人台北市野鳥學會出版的《臺灣96種爬行動物圖鑑》
8.台灣蝴蝶保育學會出版的《台灣常見的蝴蝶》
9.遠足文化出版的《台灣的茶葉》
10.晨星出版的《北台灣自然旅遊指南》
11.晨星出版的《台灣野鳥地圖》
12.稻田出版的《濛濛屆尺水岸遊學——我的遊學手札》
13.大樹出版的《台灣賞鳥地圖》

還想知道更多的相關資料，建議你可以到以
下這些網站去逛一逛或是打電話去詢問喔！

1 交通工具方面

1. 捷運：搭乘至捷運新店站。
   （台北捷運公司http://www.trtc.com.tw/c/）
2. 公車：於捷運新店站附近搭乘新店客運「烏來－台北」線，可到達其他景點。

2 參觀資訊站

1. CTIN台灣旅遊聯盟——新店市：http://travel.network.com.tw/tourguide/twnmap/taipeicountry/Sindian.asptw/
2. 碧潭樂水尋蹤：http://231.travel-web.com.tw/
3. 悠悠碧潭：http://librarywork.taiwanschoolnet.org/cyberfair2006/u8662816/index.htm
4. 台北旅遊網：http://taipei.emmm.tw/
5. 新店市志：http://library.sindian.gov.tw/tw/record/page.asp?record_id=1
6. 新店市公所觀光導覽：http://www.sindian.tpc.gov.tw/releaseRedirect.do?pageID=372
7. 茶鄉之旅——文山農場：http://www.easytravel.com.tw/action/tea/page6-1.htm
8. 台北自來水事業處——水知識：http://www.twd.gov.tw/
9. 楊懿如的青蛙學堂：http://www.froghome.idv.tw/

10.屈尺水岸創意遊學：http://freebsd.ccyes.tpc.edu.tw/slearn/specially/2005/index.html

11.中華民國野鳥學會：http://www.bird.org.tw/

12.Yahoo!奇摩知識⁺（鍵入關鍵字「烏來」、「福山村」、「內洞」、「孝義賞鳥」等）：http://tw.knowledge.yahoo.com/

13.林務局國家森林遊樂區：http://recreate.forest.gov.tw/default.php

14.烏來文化生態旅遊網：http://www.ecoulay.org/

15.烏來泰雅民族博物館：http://www.atayal.tpc.gov.tw/index.aspx

16.烏來泰雅編織專家地圖：http://library.taiwanschoolnet.org/cyberfair2005/wulai_1/menu6.htm

你還從哪些地方（網路、書籍……）找到資料呢？把它們記在下面吧！後面有本書的景點資訊表和交通路線表，請多多利用喔！

景點資訊表

景點／店家名稱	地址／電話／經緯度	網 址	開放／營業時間	備 註
碧潭天鵝船	碧潭吊橋下 東經：120° 32' 10.09" 北緯：24° 57' 21.57"			平日每人每小時100元，假日150元
太平宮	台北縣新店市太平里太平路43號 (02)2911-0081 東經：121° 31' 58.64" 北緯：24° 57' 30.83"		開放：全日開放	
新店渡	沿碧潭風景區河岸步道往上游步行約10分鐘，開天宮下方 東經：121° 32' 14.55" 北緯：24° 57' 6.73"		營業：0600～2030	成人每回20元，兒童每回10元
金成蘭餅店	新店市新店路155號 (02)2918-0718 東經：121° 32' 12.62" 北緯：24° 57' 16.96"		營業：0800～2200	
一碗小羊肉	台北縣新店市北宜路一段194-1號 (02)8665-8119 東經：121° 32' 34" 北緯：24° 57' 10"		營業：1600～2400 公休：週一	
小粗坑發電廠	台北縣新店市永興路感恩橋旁 東經：121° 32' 32.19" 北緯：24° 56' 15.84"		開放：不對外開放	
文山農場	台北縣新店市屈尺里湖子內路100號 (02)2666-7512 東經：121° 32' 34.66" 北緯：24° 55' 47.08"		營業：0830～1630	全票200元，半票100元，3小時製茶體驗每人150元（只接受團體報名，需預約）
屈尺國小	台北縣新店市屈尺路55號 (02)2666-7490 東經：121° 32' 45.60" 北緯：24° 55' 18.96"	http://www.ccyes.tpc.edu.tw/xoops/html/	開放：全日開放	

濛濛谷	台北縣新店市頂石厝路 東經：121°32′6.10″ 北緯：24°55′3.99″			
桂山發電廠	台北縣新店市龜山里桂山路37號 (02)2666-7223 東經：121°33′39.91″ 北緯：24°54′10.11″			
桂山發電廠 ——桂山冰品部	台北縣新店市龜山里桂山路34號 (02)2666-7223轉冰品部		平日：0830～1700 假日：0900～1800	
烏來台車	從烏來老街方向過覽勝大橋即可到達 (02)2661-6355（烏來遊客服務中心） 東經：121°33′1.84″ 北緯：24°51′39.34″		營業：0800～1700	全票50元，半票30元
烏來國民中小學	台北縣烏來鄉啦卡路5號 (02)2661-6482 東經：121°34′35.7″ 北緯：25°7′45.7″	http://www.wups.tpc.edu.tw/	開放：全日開放	
種籽親子實小	台北縣烏來鄉娃娃谷41號 (02)2661-6648 東經：121°31′42.40″ 北緯：24°50′2.11″	http://www.seedling.tw/	開放：全日開放	
內洞森林遊樂區	台北縣烏來鄉信賢村 (02)2661-7358 東經：121°31′36.40″ 北緯：24°46′37.53″		營業：0800～1700	全票80元，半票40元，台北縣民憑身分證半價，優待票10元
福山國小	台北縣烏來鄉福山村李茂岸56號 (02)2661-6124 東經：121°30′8.40″ 北緯：24°46′37.53″	http://www.fses.tpc.edu.tw/	開放：全日開放	e-mail信箱：t014685@mail.tpc.edu.tw

巨龍山莊	台北縣烏來鄉忠治村檔堤85號 (02)2661-6333 東經：121° 32' 46.57" 北緯：24° 52' 28.23"	http://clr-chulung.network.com.tw/	營業：0800～0200	e-mail信箱：service@clr.com.tw
烏來泰雅民族博物館	台北縣烏來鄉烏來村烏來街12號（烏來老街內） (02)2661-8162	http://www.atayal.tpc.gov.tw/index.aspx	平日：0930～1700 假日：0930～1800 公休：週一、農曆除夕	全票50元，優待票25元
高家冰溫泉蛋創始店	台北縣烏來鄉烏來村烏來街135號（烏來老街內） (02)2661-7458		營業：0900～220	
景麗特產行	台北縣烏來鄉烏來村烏來街54號（烏來老街內） (02)2661-6283		營業：0930～2200	
櫻花餐廳	台北縣烏來鄉環山路181號 (02)2661-8085		營業：0900～2100	
雲仙樂園	台北縣烏來鄉瀑布路1-1號 (02)2661-6383 東經：121° 33' 6.75" 北緯：24° 50' 51.2"	http://www.yun-hsien.com.tw/	開放：0830～1700 纜車：0730～2200（每10分鐘一班）	全票220元，優待票150元
福山養鱒場	台北縣烏來鄉福山村大羅蘭71號 (02)2661-6079 東經：121° 29' 57.91" 北緯：24° 46' 28.7"	http://1881.2u.com.tw/index.htm	營業：1000～1900	

交通路線表

路 線	站 名	前往方式
新店線	第一站　碧　潭	於捷運新店站下車後步行至碧潭風景區
	第二站　小粗坑	搭乘新店客運「烏來－台北」線於小粗坑站下車即可到達
	第三站　文山農場	搭乘新店客運「烏來－台北」線於伸仗板站下車，往回走約50公尺即可到達
	第四站　屈　尺	搭乘新店客運「烏來－台北」線於屈尺站下車即可到達
	第五站　四崁水	搭乘新店客運「烏來－台北」線於龜山路站下車，往回走約70公尺即可到達桂山發電廠
烏來線	第一站　紅河谷、加九寮	搭乘新店客運「烏來－台北」線在成功站下車，續往烏來方向步行，於道路右方紅河谷路標處右轉，循道路直行即可到達紅河谷鐵橋
	第二站　烏來老街	搭乘新店客運「烏來－台北」線在終點站下車，即可到達烏來老街。循「空中纜車」或「雲仙樂園」路標前進活動景點
	第三站　孝義賞鳥區	搭乘新店客運「烏來－台北」線在終點站下車，於老街往覽勝大橋方向左轉烏來國小，循「賞鳥步道」路標步行前往
	第四站　信賢、內洞	搭乘新店客運「烏來－台北」線在終點站下車，循「內洞森林遊樂區」路標步行前往
	第五站　福山村	本路線建議開車前往。可由羅斯福路直行北新路接北宜路，右轉新烏路直行，過風景區收費站後直行信福路約40分鐘可達福山村

1

新店之旅

▶▶▶ 目次

烏來快樂行

烏來
之旅 2

新店快樂行

1  碧　潭

2  小粗坑

3  三山農場

4  屈　尺

5  四崁水

新店快樂行路線圖

新店是個美麗的地方，有山有水，著名的碧潭因為景色秀麗，一向被譽為台灣八景之一；而沿著新店溪溯源而上，沿岸的小粗坑步道、屈尺、濛濛谷、雙溪口、四崁水等處，因為位在翡翠水庫水源保護區內，所以都保持了青山蒼翠、溪水潔淨、生態多樣等特色，而且新店距離台北市區僅1小時車程，只要搭乘捷運或公車就可到達，所以是很值得大朋友、小朋友來親子一日遊的好景點喔！

1 碧潭吊橋
2 太平宮
3 碧潭風景區
4 擺渡口
5 瑠公圳頭
6 小粗坑發電廠
7 小粗坑步道

8 文山農場
9 屈尺國小
10 濛濛谷
11 雙溪口
12 桂山發電廠
13 四崁水步道

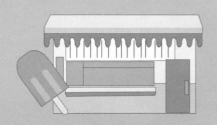

7 Spot 小粗坑步道

根據調查，這條步道蛙況豐富，請你來找找看，能找到幾種青蛙？

8 Spot 文山農場

在屈尺地區佔地12公頃的文山農場，從日據時期的「茶葉指導所」算起，經營歷史至今已有一世紀以上。

9 Spot 屈尺國小

屈尺一帶有很多溪流及河湖風景，值得大家一遊！而屈尺國小則舉辦了利用「卡打車」遊水岸的各種活動。

10 Spot 濛濛谷

它明明是個「湖」，為什麼要叫濛濛「谷」呢？

11 Spot 雙溪口

風景秀麗的雙溪口，是許多人夏季最喜歡的戲水勝地。

12 Spot 桂山發電廠

桂山發電廠的員工福利社有賣一樣很有名的食品，猜猜看是什麼呢？

四崁水步道

大桶山附近有個四條溪水流過的地方，原來叫做「四港水」，後人誤傳成了「四崁水」。

行程說明

我們的新店快樂行路線，區分為「碧潭」、「小粗坑」、「文山農場」、「屈尺」、「四崁水」五區，在我黑熊叔叔和溪哥、小樹蛙的介紹下，讓你從學著自行規劃路線、安排吃吃喝喝，到對景點的深入探索，不僅能讓你學會如何做個自在逍遙的小導遊，也能透過這次旅行，學習到許多生態、人文知識，就請大人陪你一起來進行這趟深度之旅吧！

◁◁◁ 碧 潭

▲ 碧潭吊橋

（一）碧潭吊橋：

碧潭兩岸間原本並無橋樑，當時的交通只能依靠「擺渡」（指往返兩岸間運輸人和貨物的船隻）。後來在1935年，由新店庄的賴雲發起建橋，最後經由台北州技手江石定設計，吊橋終於在1936年8月完工。

▲ 遠眺的吊橋

碧潭吊橋當初設立的主因是為了便利東西兩岸交通，所以建成後每日人車川流不息，使它成為新店與中和之間的交通要道。除此之外，它彎如長虹、橫跨兩岸的特殊造型，也在人們心中留下深刻的印象。

▼ 碧潭橋頭竣功（完工）紀念碑

　　在民國89年時，因為吊橋長期承載行駛山裡、運輸物資的小卡車，加上橋樑使用時間已久，所以新店市公所將吊橋重新整修過後，不再准許車輛行駛，只能讓人步行通過，這也就是我們今日所看到的碧潭吊橋了。

▲ 吊橋的橋塔

吊橋看起來好像只有幾條繩子支撐，走上去搖搖晃晃，好可怕呀！而且不知道有多長呢！

不要緊張啦！你看這條主鋼索好粗呢！還有這麼高的橋塔，一定很堅固啦！

▲ 碧潭吊橋鋼索

黑熊叔叔說

碧潭吊橋是鋼索橋，橋身長200公尺，橋寬3.5公尺，橋塔高度20公尺，剛建好時還可以供車輛行駛，可見它有很大的載重量，走在上面雖然搖搖晃晃，不過是很安全的。

Q.如果你走一步的距離是50公分，請問你走幾步可以通過吊橋呢？.................

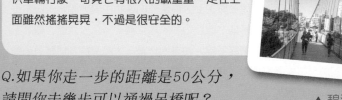
▲ 碧潭吊橋近照

◀ 從碧潭遠眺
的太平宮

（二）太平宮：

「太平宮」位於碧潭西岸，鄰近空軍公墓及太平運動公園，廟內供奉的主神是跟隨閩南人從大陸來台的「開漳聖王」。從清嘉慶11年（西元1806年）建廟至今，太平宮歷經數次改建：清代曾因民眾械鬥而遭到焚毀；日據時期因統治者大力推行「皇民化運動」，想要消除台灣民眾對中國文化的歸屬感、廢除民間傳統信仰，太平宮曾一度被迫改名為「碧潭寺」，終於得以留存下來。

▲ 太平宮精雕細琢
的正門

▲ 精忠路上的空軍公墓

 黑熊叔叔說

「太平宮」所供奉的主神是唐代將領陳元光，因為他開發治理漳閩地區，深得民心，被後人尊稱為「開漳聖王」，供奉他的寺廟也隨著閩南人四處遷移，而遍布閩、台與東南亞各地，信眾很多。太平宮平時香火鼎盛，農曆初一、十五來進香的香客更是絡繹不絕。每逢大年初一，總有許多信眾前來廟裡點盞光明燈，祈求闔家平安。所以這座廟可以說是碧潭東、西岸，包括安坑地區的信仰中心呢！

（三）碧潭風景區：

因為鋼索吊橋荷重有限，於是1956年時在碧潭下游處修築了過水橋，後因橋被洪水沖走，又在1970年修建水泥結構的碧潭大橋；1996年5月拱橋結構的北二高碧潭大橋完工後，碧潭上方便橫臥老中青三代三種不同結構、不同高度、不同用途的橋樑。北二高橋下有兩排共12個龍頭銅雕，龍頭上裝有投光照明設備，龍口可噴水，晚上燈亮時，橋身和水面上弧形倒影相互成映，襯托出北二高碧潭大橋的設計之美，風格獨具。

Q1.你要不要也找找看北二高橋下的龍頭在哪裡呢？

....

....

 哇！北二高橋下真的有龍頭嗎？走！我們走到橋下去瞧瞧吧！

 太棒了！我看到碧潭好漂亮喔！我們快下去河邊玩吧！

◀ 北二高碧潭大橋下

▲ 碧潭的岩壁

　　碧潭分東、西兩岸，東岸設有讓遊客駕船遊潭的遊艇碼頭，以及散步觀景的河岸步道；西岸一片蒼翠，與碧綠的潭水相映成趣，靠近吊橋邊的岩壁孤絕，向來有「小赤壁」的美譽，壁上有「碧潭」二字，是前考試院長孫科所題，岩壁頂上有座「碧亭」，登臨遠眺，別有一番趣味。

　　風光明媚、山清水秀的碧潭，以及著名的新店老街、碧潭虹橋等，都是吸引人潮絡繹不絕的景點，另一項別具特色的焦點，就是橋下商店街的遊樂設施：打彈珠、套圈圈、射氣球等保有傳統風貌的小玩意兒，對於現在的長輩來說應該都不陌生！

▲ 美麗的碧潭全景

哇！碧潭的水好綠喔！黑熊叔叔，它是不是因為這樣，才被叫做碧潭呢？

▶ 有小赤壁之稱的碧潭岩壁

▲ 碧潭的西岸

▲ 假日遊人如織的碧潭

黑熊叔叔說

碧潭地名起源的幾種說法

因為碧潭位於新店獅頭山旁邊，剛被開發時，也被稱為「獅山邊大潭」，後來清朝人郭錫瑠在碧潭下游500公尺處，設置竹蛇籠攔水後，水位上升，潭水也變深了，看起來潭水好像是碧綠色的，所以就有了「碧潭」這個美麗的名字。

但是也有人說：新店有一個文人名叫蘇鏡瀾，寫過一篇有關碧潭的文章，提到潭邊岩壁孤絕，和大陸的「赤壁」很像，所以就將此地命名為「壁潭」；但是後來人們覺得碧潭最美的地方是潭水沉靜碧綠，所以又將它改名為「碧潭」。

另有一個詩情畫意的說法是：碧潭得名的由來，相傳是源自於新店本地的鄉紳蔡玉麟，他在一次與友人相互唱和的吟詩會裡，以新店的湖光山色作為吟詠主體，並將作品命題為「碧潭」，於是「碧潭」之名便不脛而走了。

不過也有人說：碧潭這個名字是日本人命名的……。到底真正由來是哪一個，已沒有人知道了。不過青山綠水的碧潭的確是個美麗的地方，相信每個來過的人都有同感，難怪碧潭風景會入選為「台灣八景」呢！

◀ 碧潭的美景

◀ 碧潭目前常
見的腳踏船

 你們看，碧潭上有各種各樣的小船呢，在碧綠美麗的潭水上划船一定很愉快吧！

 對呀！好想去坐船，我們去問問看價錢好不好？

Q2.你想坐哪種船遊潭呢？畫一畫、寫一寫你坐船的感想吧！

▼ 古早時期的小船

◀ 從2人座至6人
座，每人100元

▶ 含浮板的救生衣

黑熊叔叔說

碧潭雖名為「潭」，但其實只是新店溪上一段寬闊的
河道而已，河川深度不一，水面下有許多暗流與漩
渦，傳統的划槳小船操作不容易，有危險性，所以目前假日
只見天鵝船滿布水面，已經看不到昔日
泛舟遊潭的美景了。

▲ 扣好救生衣的扣環才
可坐船

要坐船了嗎？別忘了安全第一！
要坐船之前一定要穿救生衣，還要
讀一讀乘客須知喔！

Q3.救生衣要怎麼穿？安全守則和乘客須知是什麼？

....

....

碧潭河畔的活動

1. 美麗浪漫的愛之橋：自從碧潭吊橋完工後，橋上已
   有無數愛侶在此共譜戀曲，每個動人的故事，讓碧
   潭吊橋更增添浪漫的氣氛，這裡也是許多已成佳偶
   的夫妻，常來回味當年熱戀記憶的地方。
2. 水上運動勝地：碧潭是運動社團或學生練習如划獨
   木舟等運動的勝地。
3. 端午龍舟賽最佳場地：每年端午節在碧潭舉行的龍
   舟比賽，總會吸引多達萬人觀賞，盛大熱鬧。
4. 街頭藝人表演：每週五、六晚上，在碧潭吊橋下的
   廣場附近，會有通過認證的台北縣街頭藝人盡力表
   演，相當精采。

臺北縣碧潭風景特定區遊憩用小船及涉禽乘客須知：
票價每人每小時100元（內含乘客意外責任險新
台幣二○○萬）評金 二元。
二、乘客應遵守船務遊客穿著救生衣後，始得放行
三、碧潭風景區船隻總載運量內不換小位水滿
四、乘客應遵守船隻行駛設線之狀況，於認為有
影響安全之情形，傳以公告禁止各項水域
遊憩活動。

▲ 安全守則和
乘客須知

▲ 碧潭擺渡船隻

（四）擺渡口：

黑熊叔叔說

擺渡的故事

新店溪兩岸間的渡船從1881年開始營運，當時從新店溪上游到中游，共有廣興渡、小坑渡、礦窯渡、塗潭渡、灣潭渡、小粗坑渡、直潭渡、新店渡、挖仔渡等九個渡口。船夫在渡口兩岸，用小船載人和貨物往來，但是如果遇上大風雨，水位上漲，擺渡危險難行，就有交通中斷的麻煩。

　　在碧潭吊橋還沒有建好之前，兩岸來往只能靠船隻擺渡，但隨著道路的開發、吊橋的搭建，碧潭東、西兩岸交通日益發達，曾經為兩岸人服務一百餘年的擺渡，如今只剩下唯一的新店渡，除了繼續服務往來民眾外，更多了觀光的價值，許多人乘坐渡船，只是為了體驗一下坐划漿船的感覺。而一人坐一趟只要20元，也是吸引很多人來嚐試的原因。

Q.你看到擺渡船夫是用什麼在划船呢？.......................................

....

....

....

▲ 碧潭僅存的擺渡口牌坊

◀ 用銅材質雕
刻的農耕圖

▲ 刻有「瑠公圳引水原址」字樣的設備

（五）瑠公圳頭：

捷運新店站出口左邊，走到碧潭東岸盡頭，可以看到一幅很大的農耕圖，年代已很久遠，但因為是銅雕，所以看起來還很新；圖畫上的牛和農夫、稻田都栩栩如生，圖像下方還有一個寫著「瑠公圳引水原址」的設備。

黑熊叔叔說

瑠公圳頭的故事

從大陸移民來台的漢人，多半為居住於中國東南方的居民，習慣種植稻米，因種稻的水田需要大量水源，於是漢人開始建造「埤」和「圳」來解決水源問題。「圳」就是人工建築的引水溝渠，漳州南靖人郭錫瑠出銀兩萬兩興建引新店溪水的圳，故被命名為瑠公。碧潭正是瑠公圳引水的源頭，來到這裡，當然要緬懷古人篳路藍縷、拓荒開墾的辛苦囉。

Q.說說看你在栩栩如生的農耕圖上看到了哪些圖像呢？你認為雕刻這幅圖的理由是什麼呢？............................

....

....

第 **2** 站

▶▶▶ 小粗坑

▲ 小粗坑發電廠外觀

（一）小粗坑發電廠：

這一棟白色建築物就是小粗坑發電廠嗎？它長得跟我看過的一些建築很像耶！

小粗坑發電廠是受到「巴洛克式」建築風格的影響。外牆用紅磚建造，斜面屋頂設有通風用的長型鐘樓式氣窗。

黑熊叔叔說

「巴洛克」是16世紀末源於義大利，而在17、18世紀初間流行於整個歐洲的一種美術風格。講究激昂與動態的表現，故在建築上強調曲線裝飾，以營造出視覺上強烈的刺激與反應。一些建築物如：總統府、省立博物館、台南地方法院等，都是台灣著名的巴洛克風格建築。

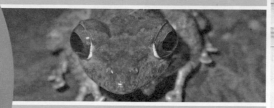

小粗坑發電廠位於新店市粗坑里的新店溪旁，是全台第二座水力發電廠，它和龜山發電所同為當時供給台北地區電力的重要來源。日本在1907年開始興建，原本預定在1908年的年底完工，但因物資供給不易，

▲ 小粗坑發電廠的特色——鐘樓式氣窗

加上疾病侵襲發電所員工，一直延到1909年才完成，當年9月開始發電，是台灣目前還在運轉的發電廠中最古老的呢！

原名「小粗坑水力發電所」的小粗坑發電廠在建造時，為了提高水位，在電廠上游地區興建鋼筋混凝土結構的攔水壩，稱「屈尺壩」，也叫「粗坑壩」，是台灣現存最早的攔水壩。

 哇！這樣說來小粗坑發電廠算是古蹟囉？

 當然啊！它已經幫台北地區的居民服務很長的一段時間了，功勞可不小呢！

◀ 累了嗎？到這裡休息一下吧

◀ 從小粗坑步道望見新店溪的美

（二）小粗坑步道：

 黑熊叔叔，小粗坑發電廠是靠水力發電的，那麼這附近應該有河流吧？

 因為這附近的地勢和河流，成就了發電廠、步道還有淨水廠！而這一段也是新店溪中有名的曲流景觀！

 黑熊叔叔我知道！所謂曲流景觀是河流因地形、地勢的關係，從原本直行的流向，來個大轉彎，就像英文字母的S形彎曲。

 所以你們看這條溪的兩岸，一邊因侵蝕作用明顯，而形成陡坡；另一邊則因堆積作用，而在河流中形成平緩的卵石灘。

 我們找個視野遼闊的地方，看清楚曲流地形。

 你們看！這種道路蜿蜒的地方，可是絕佳的「觀景台」。

 走在這條步道，真令人心曠神怡，好舒服喔！

 這裡一邊是山壁及樹蔭，另外一邊則是新店溪；沿途不但有樹蔭遮陽，還可以欣賞不同的生物，更有開闊的景色，供遊客欣賞！

 溪哥，我們一起來找找看這裡有什麼小動物？

▶ 小粗坑步道林蔭茂密，走起來輕鬆舒暢

▲ 新店溪S形曲流景觀　▲ 山路彎曲處是絕佳的觀景台

（呱呱呱……）

 小樹蛙，你的同類出現了！

 在哪裡？我怎麼沒看到？

🔵 台北樹蛙的吸盤，讓牠變成爬樹專家

 這是台北樹蛙，所謂樹蛙，顧名思義，牠的本領之一就是能自由自在的爬樹，所以樹蛙的四肢趾端都有吸盤；牠的體背是綠色的，在大自然中形成保護色，不容易被發現；牠的皮膚光滑，腹部呈橙黃色。不過，牠身體的顏色會隨著環境而改變，這樣還可以減少天敵發現牠的機會。

 台北樹蛙不但是保育類動物，還是台灣特有種呢！

 黑熊叔叔，這裡還有其他的青蛙嗎？

 根據調查，這條步道蛙況豐富，這裡曾經出現面天樹蛙、拉都希氏赤蛙、台北樹蛙、古氏赤蛙、澤蛙、褐樹蛙。我們來找找看，能找到幾種青蛙？

▶ 遠望翠綠的新店溪，視野開闊

▶▶▶

★認識褐樹蛙：

● 褐樹蛙是捉迷藏高手

1. 褐樹蛙屬於台灣特有種，牠的背部顏色為褐色。公蛙與母蛙體型大小差異很大，前者約4～5公分，後者則可達6～7公分。
2. 牠的四肢趾端有吸盤，眼間有一條黑褐色的橫帶，與頭部後方斑紋形成一個三角形，吻端到兩眼間有一塊淺色的三角形斑。
3. 褐樹蛙的體色可隨環境而改變為黃褐、綠褐、紅褐、灰褐、灰黑等色，加上背部各種形狀的黑褐條紋，使牠擁有完整而良好的保護色。
4. 繁殖期為每年2～10月，平時喜歡棲息在河邊的樹上或石縫中。

 為什麼同一條路上，剛剛那邊有青蛙，這邊卻都沒有呢？

 你們看看這裡和剛剛那個青蛙王國有什麼不一樣？

 剛剛那邊從山壁流下的水，積在路旁，形成潮溼的環境，加上有山壁上的植物可供隱蔽，讓青蛙們有生存的空間；另外這一邊嘛……

 留一點讓我說嘛！另外這一邊有了人造水溝，水直接排出去，無法形成青蛙的棲地。

 你們都說得很好，現在你們知道維護大自然的生物，必須考量多方面的因素。如果各種生物的棲地愈來愈少，那麼世界上的生物就會慢慢消失。所以，保護自然資源就要靠大家的努力了。

20　新店、烏來　好玩耶！……

▶ 在落葉堆中隨手一翻，就有不同的青蛙出來跟你打招呼

Q1.在小粗坑步道，你找到哪些青蛙？（寫出牠的名字，或畫出牠的特徵）

Q2.除了青蛙之外，你還觀察到哪些生物呢？

Q3.除了水泥地使青蛙減少，還有什麼原因會使生物變少？

....

....

....

....

....

▲ 水泥化的水溝使青蛙失去了棲息躲藏的地方

第 **3** 站

▶▶▶ 文山農場

▲ 文山農場廣闊的茶園

（一）文山農場茶園：

　　在屈尺地區佔地12公頃的文山農場，從日據時期的「茶葉指導所」（即茶葉改良場）算起，到現在轉型開發為休閒農場，經營歷史已有一世紀以上。目前除了繼續產製茶葉與改良製茶技術以外，也致力於傳承製茶工藝、推廣茶文化的工作，遊客可向農場預約專人解說茶葉相關知識，並親身體驗採茶、製茶、泡茶的樂趣。園區內另有假日農園、草藥園、藥用植物標本區、休閒活動區、家庭特約園圃、茶藝區、製茶研習館、農產品展售中心、兒童遊戲場、野炊區、露營區、腳踏車練習場……等，提供民眾休憩或舉辦交誼、健行、戶外教學等活動的場所。

▲ 隨處可見的林蔭小徑

文山農場的採茶體驗和導覽只接受團體預約報名，沒事先報名的話就不能參加囉！

終於來到文山農場了！哇塞！那一大片茶樹園，就是孕育文山包種茶的園地喔！我好想趕快去採茶喔！

我們得先去著裝，要戴上斗笠、背上茶簍，才可以採茶。

為什麼一定要穿這一身採茶的服裝？

黑熊叔叔說

茶簍的功用：茶菁必須裝在通風良好、隔熱效果佳且具有吸水性的器具中。

斗笠的功用：採茶最好的時間是早晨太陽剛出來、露水蒸發的時候，故得在戶外工作一段長時間，為防止日晒雨淋，斗笠是一定需要的。

這些茶樹看起來都一樣，到底要摘哪個部分的葉子啊？

只要把茶樹頂端嫩綠的葉子拔起來，也就是「一心二葉」，就可以囉！

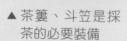

▲ 茶簍、斗笠是採茶的必要裝備

黑熊叔叔說

文山包種茶的特色

文山包種茶是以有機方式栽種，不噴灑農藥，採摘茶樹一心二葉的嫩芽部分焙製而成，茶葉外觀呈「條索狀」，所以又稱「條形包種茶」。茶葉色澤墨綠；茶湯顏色從蜜綠到金黃色，香氣幽雅，滋味甘美圓潤。

◀ 採茶以一心二葉的摘採方式最為常見

　　包種茶的由來，是因一百多年前福建安溪人王義程，參考武夷岩茶的製作方法與烘焙技術來製作安溪茶，茶行用方形毛邊紙將製好的茶葉四兩包成長方形，最後蓋上店章。因為武夷岩茶中有「小種」、「名種」、「奇種」這類的等級分別，而早年購買文山茶也習慣以「種仔」來稱呼茶葉，所以這個把「種仔」特別「包」起來、按「包」分售的茶，就被後人稱之為「包種茶」了！

　　狹義的來說，包種茶單指清茶，即部分發酵的條形茶；而就廣義而言，只要符合包種茶製作方式的茶，舉凡香片、凍頂茶、鐵觀音等都可以稱作包種茶。

　　茶樹為多年生常綠灌木，壽命從幾年到數十年不等，適合生長在溼潤多霧、排水良好的山坡地。今日新店、坪林、深坑、石碇、平溪、汐止等鄉鎮，都是舊時「文山堡」所涵蓋的範圍，因區域內多山、氣候溼潤、雨水充足，相當適宜茶樹生長，是台灣製茶業的發祥地，產茶的歷史迄今已有兩百多年。而文山地區所產的「文山包種茶」名聞遐邇，以極佳的品質享譽國際，在全球茶葉市場中占有一席之地。

▶ 揉捻機器可使茶葉轉動摩擦，讓茶葉汁液附著於表面，泡茶時味道溢出，也有整形作用，讓茶葉捲曲成條狀

▲人工採茶已經愈來愈少見了　▲看起來很有年紀的工作車

★ 採茶時必須注意的事項：

1. 天氣因素：為了不讓茶菁中的水氣影響茶葉品質，所以不能在溼氣重、水分蒸發不易的陰雨天採茶。
2. 選菁方式：從茶樹上摘採下來、尚未烘培的葉子叫做「茶菁」，而以摘選一心二葉的茶菁來製茶最為常見。由於機器採茶無法判定一心二葉，易使苗芽受損，所以一心二葉的茶菁目前還是以人工摘採為主，這也使得採下的生葉格外珍貴。
3. 處理茶菁：為了避免因悶熱而變成死葉，剛採下的茶菁必須裝在通風、隔熱、吸水性良好的茶簍裡，並在回去之後立刻將採得的茶菁攤開散熱，以防止綠葉轉紅。

★ 製茶的注意事項：

基本上，任何品種的茶樹（如：青心烏龍、鐵觀音等）都可以製成各類型的茶（如：紅茶、綠茶、龍井茶、烏龍茶等），只是人們依據以往的經驗和成果，判定哪個品種的茶樹適合做成什麼茶（如：青心烏龍適合製成包種茶）。

台灣茶葉製造方式分為不發酵、部分發酵、全發酵三種，文山包種茶屬於部分發酵茶，製作的過程大致可以分為下列幾個階段：選菁→日光萎凋（或熱風萎凋）→室內萎凋、靜置及攪拌（發酵）→炒菁→揉捻、解塊→初乾→再乾→成品。

▲放在室內靜置及攪拌，可以讓茶
葉持續發酵，產生茶的香氣

◀炒菁機器利用高溫破壞酵素活性，抑制茶葉發
酵，可以保有包種茶的香氣

「茶」幾乎可以說是我們生活中隨處可得的飲品。但一杯茶必須經過許多繁複的手續才能完整呈現在我們面前。

（三人來到泡茶室）

 好香的味道喔！你們看，有好多小朋友在這裡泡茶，我也好想學泡茶喔！

 泡茶有什麼難的，只要把熱水往茶壺裡一沖，不就有清香可口的茶可以喝啦！

 要泡出一壺好茶可沒那麼簡單。文山農場提供全套的茶園體驗課程，我已經事先幫你們報名了。我們進去和小朋友們一起學泡茶的祕訣吧！

★泡「文山包種茶」的方法：

1.溫壺：用開水消除器皿中紛雜的氣味，並保持壺溫。
2.茶具：為了讓包種茶清揚的香氣表現出來，使用導熱快又不透氣的白瓷茶具是最適合的。
3.水溫：控制在90～100度左右最好。水不要沸騰太久，不然會變硬水，導致茶湯口感變差。
4.茶葉：茶葉量要放滿茶壺的1/2到2/3。

▶ 趕緊來喫茶

Q1. 從採茶到泡茶，要經過幾道手續呢？

....

....

....

....

Q2. 你知道泡一壺好茶，需要注意哪些技巧嗎？

....

....

....

....

....

Q3. 你吃過哪些料理，是運用茶葉製作的呢？

....

....

....

....

▲ 來征服這些好玩刺激、又能鍛鍊體力的遊樂設施吧

（二）文山農場體能訓練場：

 溪哥！這裡有好多遊樂設施，我們一起去玩吧！你每天只會看書，這種戶外體能遊戲該不會把你難倒了吧！

 誰怕誰啊，我們來比賽啊！

 別逗嘴了！你們想想看有什麼體能遊戲可以在這裡進行呢？

Q.請你設計看看，我們可以在體能訓練場進行什麼遊戲呢？

 文山農場的占地廣闊，又有那麼多不同的場地規劃，不但可以採茶、泡茶，還可以鍛鍊身體，真是愉快呢！

 對呀！我好想再去其他地方玩呢！我們再去探險。

▶ 以繩索及木板製成的文山橋，與農場的自然景觀契合

▶▶▶ 屈 尺

卡打車

▲ 還沒進門,青剛櫟爺
爺已經在歡迎我們了

(一)屈尺國小:

 哇!還沒走進校門,就有一棵大樹迎接我們了。

 它可是屈尺國小的校樹——青剛櫟爺爺,已經在這裡站了幾十年了。

 哇!聽說這隻狗是屈尺的校狗耶!

 我承認……牠很可愛,但是請別靠近我!

 牠那麼溫柔,不會亂咬、亂叫,別怕啦!

 走!我們去校園尋寶。

▼獨樹一格的水岸遊學學校

▲ 體驗一下「古早
味」的水龍頭

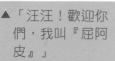

▲「汪汪！歡迎你
們，我叫『屈阿
皮』」

 哇！有樹屋耶……我想爬上去看看。

 你們上去找找看，樹屋上面還有一個
特殊裝置喔！

 黑熊叔叔，聽說他們最有名的是「水岸遊學」，那是什麼
呀？

 是啊！屈尺一帶因山勢及新店溪的關係，有很多溪流和河湖
風景都很值得大家一遊！屈尺國小舉辦了利用「卡打車」
（台語）遊水岸的各種活動。

 那我們可以去騎「卡打車」了嗎？

 可是……可是……我很害怕，我曾經摔到水溝裡……

 別氣餒，有我陪你，我們一起學！

 對啊！趁這個機會學騎腳踏車，說不定你心情一放輕鬆，很
快就能學會呢！不過，我們得先穿戴上各項裝備。

 我知道，安全帽、護膝……對吧！

 快點啦！我等不及了。

🔵 台灣特有種植物
　　──台灣萍蓬草

▲ 找找看，樹屋上的燈有什
　麼奇妙之處呢

卡打 車庫
Bicycle Stand

Q1.你最喜歡「屈尺國小」裡的地
　　點為何？為什麼？

....
....
....
....
....
....
....
....
....

▲ 「卡打車」也
　有專屬車庫

▲ 出發之前請先穿戴安
　全裝備

◀ 每輛「卡打車」都有自己的編號

Q2.請畫出屈尺水岸「卡打車」遊學路線，說說你最喜歡的地點或風景為何？

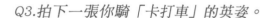

Q3.拍下一張你騎「卡打車」的英姿。

 騎完「卡打車」，肚子咕嚕咕嚕的，好餓喔！

 我剛剛一邊騎「卡打車」，發現屈尺國小附近的巷子裡，有好多餐廳的招牌佇立其中，害我邊騎車邊流口水！

 時間不早了，我們找個地方，一邊吃飯、一邊欣賞這一帶的湖光山色！

 太棒了！吃飯去囉！

▶ 屈尺地區的信
　仰中心——岐
　山巖

（二）濛濛谷：

這裡的水好清澈、視野好廣闊喔！

▲ 從屈尺國小的側
　門出發，能通往
　濛濛谷

這裡是翡翠水庫的「集水區」，水質當然清澈啦！

你們猜猜看這個地方為什麼叫「濛濛谷」？

我知道！因為水氣集中，所以造成空氣中水蒸氣很多，看起來濛濛一片！

你的推測有點道理，不過……

黑熊叔叔，它明明是個「湖」啊，為什麼叫「谷」呢？

事實上，濛濛谷位於新店溪直潭壩上游的水域，早期它是一個山谷，自民國68年直潭壩建成後，攔阻新店溪水，水面升高而形成湖泊，但濛濛谷至今仍留有以前的舊名。早期濛濛谷地區風光明媚，吸引許多遊客在此划船、從事水上風帆等休閒活動，近年新店溪上游已劃入水源保護區，禁止水上活動，讓水岸回復原始自然的風貌，成為水鳥棲息地。因此，我們才能夠在這裡欣賞許多不同種類的水鳥。

原來如此啊！可是黑熊叔叔，鳥朋友大部分都喜歡在空中飛翔，我們很難仔細觀察牠們耶！

▶ 屈尺一帶的小路，隱藏許多特色餐廳

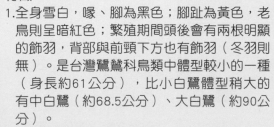

 我們觀察鳥朋友時，可以從牠們的體型大小、身體顏色、鳥喙、脖子長短、腳趾顏色……來判斷。加上鳥類圖鑑和望遠鏡的輔助，相信更容易上手了。

 小樹蛙，我們用望遠鏡找找看，比賽看誰找到的水鳥數量多。

 沒問題，我這個「千里眼」，一定比你這個「眼鏡博士」厲害！

★藻藻谷鳥類大追蹤：

● 脖子伸長，穿著白衣飛舞的小白鷺

名稱：小白鷺
特徵：

1. 全身雪白，喙、腳為黑色；腳趾為黃色，老鳥則呈暗紅色；繁殖期間頭後會有兩根明顯的飾羽，背部與前頸下方也有飾羽（冬羽則無）。是台灣鷺鷥科鳥類中體型較小的一種（身長約61公分），比小白鷺體型稍大的有中白鷺（約68.5公分）、大白鷺（約90公分）。

2. 除了體型上的分別之外，中、大白鷺的腳和腳趾都是黑色，喙部為黃色；大白鷺頸部略呈S形，嘴裂超過眼部，這些特徵都是在野外分辨牠們的好方法。

3. 根據遷徙的模式，我們可以將鳥類分為二種：終年會在某個區域內活動的稱為「留鳥」；隨著季節變化而南北遷移的稱為「候鳥」。在台灣的小白鷺有留鳥也有候鳥，而中、大白鷺則為冬候鳥。

▲ 山谷和湖的組合，吸引許多鳥類在此築巢

● 夜鷺是短脖子家族，喜歡在晚上活動

名稱：夜鷺
俗稱：暗光鳥
特徵：雄夜鷺與雌夜鷺的外觀相同，體長約40公分，身體下部為白色，其他部分呈灰色，頭、背部略帶有深藍色光澤。喜歡在夜間集體活動，會群聚在樹上、竹林中築巢，常與小白鷺一起生活。

● 老鷹飛翔的英姿，看起來十分帥氣

名稱：黑鳶
俗稱：老鷹
特徵：體長約55～60公分，全身呈深褐色，喙部為灰色，飛行時可看到牠羽翼下的明顯白斑，尾略呈打開的剪刀形，是牠容易辨識的特徵。為台灣數量最稀少的留棲性猛禽之一，棲息於陡峭山坡的大樹上，以動物的屍體為食。

Q1.在「濛濛谷」你看到哪幾種鳥朋
　　友呢？

Q2.以小白鷺、夜鷺、黑鳶來說，牠們不同的地方有哪些？
　　（顏色、體型、脖子形狀）

◀ 天然的湖光山色，再佐以美食，真是
　　人生一大享受

第5站

▶▶▶ 四崁水

(一) 雙溪口、桂山發電廠：

▲ 南勢溪與北勢溪交
流處的雙溪口

北勢溪和南勢溪匯流成了新店溪，而「雙溪口」就是這兩條溪合流的地方。

北勢溪全長約50公里，因為發源地位置不高，與下游落差不大，地形平緩，所以河岸多發育為曲流或平坦的河階地形。也因為它河道平緩、淤沙少的特性，使它成為了興建「翡翠水庫」的最佳選擇。

南勢溪全長約45公里，從源頭到雙溪口之間的地形落差相當大，溪水湍急，所以河岸的侵蝕作用相當明顯，溪谷被切得又陡又深，景觀特殊。也因為有著水量充沛、地形高低落差大的特性，相當適合發展水力發電，當年由日人所興建的全台第一座發電廠——龜山發電所，舊址就位於雙溪口附

近的南勢溪下游。

　　風景秀麗的雙溪口，是許多人夏季最喜歡去的戲水勝地，在新烏路旁的幾家特色餐廳，也因景觀雅緻、占地利之便而生意興隆。再往南向四崁水步道方向前進，步道入口附近便可看到目前營運歷史相當悠久的桂山發電廠。

▲ 位於四崁水步道入口附近的桂山發電廠，前身是日據時代的新龜山發電所

桂山發電廠裡有一樣很有名的食品，猜猜看是什麼？

我知道，是冰棒……因為門上有個大大的招牌呀！

　　小朋友們，經過這裡可要去品嚐一下台電自製、風味特殊的冰品喔！

（二）四崁水步道：

黑熊叔叔說

四崁水地名的由來

大桶山位於台北縣烏來鄉，標高916公尺，附近有個四條溪水流過的地方，原來叫做「四港水」，後人誤傳成了「四崁水」，這四條溪在大粗坑地區合流，最後流入北勢溪。

人煙稀少的大桶山與四崁水都是風景美麗、自然生態豐富的地方，有好多蛙類、鳥類、蝴蝶及其他昆蟲在此棲息，所以我們要準備一些比較特別的裝備喔！

　　沿新烏路走到翡翠水庫旁邊，再沿著桂山路往山上走，便可通往四崁水步道了。步道沿途秀麗的風景，使人心曠神怡，尤其是初春時節，順著蜿蜒的步道走上山去，可欣賞到各式各樣的昆蟲、植物、青蛙、鳥類，種類相當豐富；喜歡登山的人如果走得不盡興，還可以再往大桶山方向進發。四崁水是喜愛大自然的你，絕對要來探險一番的地方。

▶ 四崁水步道旁的美麗櫻花

▶ 步道旁水桶或山澗中最常見的翡翠樹蛙

 我最喜歡觀察生態了，讓我想想看，還要準備什麼裝備呢？

 哇！太棒了！可以看到我「青蛙家族」的好多同伴啦……，快出發吧！

Q1.如果你要去觀察青蛙、鳥類和蟲蟲……，你會準備些什麼裝備呢？

Q2.你在這裡見到哪些種類的青蛙、鳥類和蟲蟲呢？

★認識四崁水常見的青蛙：

● 翡翠樹蛙

1. 中大型蛙類，公蛙有5～6公分，母蛙約6～8公分，身體顏色翠綠，趾端有吸盤，最大的特徵是牠的眼鼻中間有一條金黃色的線，好像戴著金邊眼鏡的貴族，身體側邊及四肢內側有許多黑斑。
2. 除了寒冬之外，全年都是翡翠樹蛙的繁殖期呢！在四崁水步道旁的水桶或水池、山澗中常可看到牠們的蹤影。

● 台北樹蛙

1. 和翡翠樹蛙比起來，體型明顯比較小的台北樹蛙，公蛙約4～5公分，母蛙約5～6公分，背部是綠色，趾端有吸盤，眼睛虹膜和腹部都是黃色，大腿內側有細小的深褐色斑點，繁殖期是在每年10月至隔年3月，是冬天繁殖的青蛙。
2. 牠的叫聲乍聽之下彷彿用台語喊著「冷……冷……」，非常特別易辨。

Q3.小朋友，這兩種青蛙是四崁水步道的常客，你會分辨嗎？

● 斯文豪氏赤蛙

1. 走在四崁水步道時,如果聽到路旁有「啾、啾」的小鳥叫聲,很可能就是斯文豪氏赤蛙的叫聲了!因為這條步道旁有很多這種又叫「鳥蛙」的中大型蛙類呢!

2. 因為叫聲像鳥叫,常被初學者誤認,所以又被蛙迷們戲稱為「菜鳥蛙」。母蛙體型最大可達8公分,體背為綠褐色或黃褐色,夾雜深褐色斑點,身體修長,趾端膨大呈吸盤狀,但並不是樹蛙的吸盤喔!繁殖期是在春天及秋天。

● 古氏赤蛙

1. 你知道有一種青蛙叫做「大頭蛙」嗎?那就是古氏赤蛙,因為這種青蛙的頭部扁平又大,約有身體一半長,而且牠的身體長寬相等,所以又被叫做大頭蛙。牠是中型青蛙,比較特別的是:不像一般青蛙通常是母蛙比公蛙大,古氏赤蛙的公蛙比母蛙大,或公母蛙差不多大,因此可別把牠們的性別弄錯喔!

2. 古氏赤蛙還有一個特徵,就是牠身體顏色變化很大,有深褐色、灰棕色、紅棕色或黃棕色。兩眼間有深色橫帶,有黑色W或倒V字形黑斑。肚子兩旁有黃色花紋,公蛙領域性很強,當兩隻公蛙碰在一起的時候,經常會打架,還會利用下頜的齒狀突當武器互相咬對方,甚至會咬到頭破血流。牠們的叫聲很低沉,的確蛙如其名,好像很古老的蛙類。

黑熊叔叔說

除了前面介紹的青蛙之外，四崁水步道還有拉都希氏赤蛙、澤蛙，還有最有愛心、會照顧小蝌蚪的艾氏樹蛙，尤其是在文化大學「華林林場」附近，可是各式青蛙聚集的「蛙蛙國」呢！喜歡青蛙的小朋友一定要來這裡探險一下喔！

● 穿著筆挺背心的拉都希氏赤蛙

● 有白色明顯背中線的澤蛙

● 艾氏樹蛙的公蛙、母蛙都會照顧蝌蚪，是最有愛心的蛙類

Q4.青蛙嘓嘓嘓，猜猜我是誰？

提示：戴金邊眼鏡
的貴族

答：.....................
....

提示：有明顯背中
線

答：.....................
....

提示：穿筆挺背心
的蛙類

答：.....................
....

提示：頭長是身體
的一半

答：.....................
....

提示：叫聲像小鳥

答：.....................
....

提示：會用台語叫
「冷」的青蛙

答：.....................
....

★認識四崁水常見的鳥類：

● 白鶺鴒

體長約18公分，喙、腳部呈黑色，尾羽長。全身大致分為黑、白二種羽色，頭、喉部、前胸為黑色，臉部、尾羽外側及其他部分為白色，夏羽、冬羽的顏色略有不同。

● 灰喉山椒

體長約18公分；眼、喙、腳部為黑色；喉部呈灰色；雄鳥背部呈黑色，胸、腹部為橘紅色；雌鳥背部呈深灰色，胸、腹部為亮黃色。喜歡集體行動，是令人眼睛為之一亮的鳥類。

● 五色鳥

體長約20公分，因身上有紅、黃、藍、黑、綠等五種顏色，所以叫「五色鳥」。叫聲為低沉渾厚的「嘓、嘓、嘓」聲，像和尚敲木魚的聲音一般，所以又名「花和尚」。因為身上有良好的保護色，要發現牠可得花上一番工夫呢！

　　除了這些常見的小鳥之外，運氣好的話，有時在四崁水還會看到紫嘯鶇、家燕、小啄木鳥、小彎嘴畫眉等鳥類呢！你認得牠們嗎？

🔵 紫嘯鶇

🔵 家燕

🔵 小啄木鳥

🔵 小彎嘴畫眉

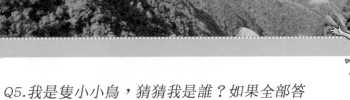

Q5.我是隻小小鳥，猜猜我是誰？如果全部答對，你就可以成為鳥專家了！加油！

答：.................................
....

答：.................................
....

答：.................................
....

答：.................................
....

答：.................................
....

答：.................................
....

Q6.猜猜看,樹醫生是誰?

....

Q7.我們俗稱的老鷹,學名是什麼?

....

★認識四崁水的鐵甲武士:

● 紅圓翅鍬形蟲

● 扁鍬形蟲

★認識四崁水常見的蝴蝶：

● 黃領蛺蝶的翅長約4～4.4公分，前胸緊鄰頭部有一圈橙色絨毛，翅膀背面底色呈黑褐色，有灰白色斑紋，狀似斑蝶，幼蟲吃小葉桑

● 青帶鳳蝶的前後翅有呈帶狀排列之青藍色斑紋。幼蟲食草有樟樹、香楠、錫蘭肉桂

● 大鳳蝶的翅膀腹面基部有橘紅色斑紋，雌蝶分有尾型、無尾型兩種，後翅中央白色斑塊發達。幼蟲食草是柚子、柑橘類植物

● 樺斑蝶的後翅背面外緣具黑色及白色帶狀斑，後翅腹面中央有兩小黑斑，翅脈為細黑條紋。幼蟲食草是馬利筋

● 紋白蝶僅前翅背面翅端有黑色斑，後翅外緣無黑斑，翅膀腹面呈淡黃色。幼蟲食草是小白菜、蘿蔔等

● 紫蛇目蝶的前翅腹面靠近翅端有一個白色三角形斑，前翅面褐色，帶藍紫色光澤。幼蟲食草是檳榔、黃椰子及蒲葵等

● 圓翅紫斑蝶的翅形比較圓，前翅兩面中間各有一個白色橢圓形斑點，後翅腹部靠近外緣無白點。幼蟲食草為榕樹、島榕、天仙果

● 大琉璃紋鳳蝶的後翅背面有藍綠色斑，接近翅基的地方呈圓弧狀，體型較大。幼蟲食草是山刈葉

★認識四崁水常見的蝴蝶食草：

 ● 樟樹

 ● 柚子

 ● 蘿蔔

 ● 馬利筋

 ● 小葉桑

 ● 檳榔

 ● 榕樹

 ● 山刈葉

Q8.蝴蝶與食草配對遊戲：你知道每種蝴蝶幼蟲的食草都不
一樣嗎？聰明的小朋友，請試著替蝴蝶幼蟲找牠們的食
草吧！（連連看）

 紋白蝶
。

榕樹
。

 圓翅紫斑蝶
。

蘿蔔
。

 大琉璃紋鳳蝶
。

柚子
。

 紫蛇目蝶
。

樟樹
。

 大鳳蝶
。

檳榔
。

 樺斑蝶
。

小葉桑
。

 黃領蛺蝶
。

馬利筋
。

 青帶鳳蝶
。

山刈葉
。

東西岸茶棚

【碧亭茶藝】

地址：台北縣新店市碧潭路1號
電話：(02)2212-9467、(02)2212-7321
招牌菜：功夫茶（老人茶）
價位：200元起，附茶點
特色：42年老店

【碧雲天】

地址：台北縣新店市碧潭路西岸賣店１號
電話：(02)2212-2516
招牌菜：三杯魚下巴、招牌油雞腿、桂花螃蟹、石頭鮮蝦、巴西蘑菇雞湯、枸杞山藥雞湯

【一碗小羊肉】

地址：台北縣新店市北宜路一段194-1號
電話：(02)8665-8119
招牌菜：燉羊、燒羊、羊油麵線
價位：燒羊100元，燉羊130元

【金成蘭餅店】
地址：台北縣新店市新店路155號
電話：(02)2918-0718／(02)2911-1286
招牌商品：綠豆凸、狀元餅、中秋餅
特色：90年老店

【瑪莉亞的玫瑰】
地址：新店市碧潭路 2號
電話：(02)8666-6887
招牌菜：松露燴牛舌
價位：試吃價約 580元，套餐約780元

【碧潭食堂】
地址：台北縣新店市碧潭路14號
電話：(02)8666-6887
招牌菜：酒蝦、溪哥、仙草綠豆湯
特色：50年老店

景觀餐廳

屈尺

【森林之家（隱花園）】

地址：台北縣新店市屈尺里頂石厝路8號

電話：(02)2666-3562

招牌菜：鹽烤鯖魚、照燒肋排、薑汁牛肉、和風海鮮燒、海鮮天婦羅、森林花茶、水果茶、翡翠養生蜜、夏日玫瑰

價位：380～680元、下午茶250元

特色：宛如一座歐式庭園的隱花園是台灣原生蕨類的快樂天堂，園中有許多不同品種的蕨類。在此除了可以享用到日式和風料理外，還可以認識蕨類生態，令人流連忘返。

【水月湖休閒咖啡坊】

地址：台北縣新店市屈尺里屈尺路161-6號

電話：(02)2666-5146

招牌菜：紅酒燉牛肉、維也納豬排、日式豬排、迷迭香雞排

價位：特餐600元、套餐350～450元、下午茶180元

特色：到達這家餐廳前，得先從山路往下走過一段台階，然後你會看到以木屋及室外咖啡座為特色的「水月湖」。餐廳附近的景色和它的名字一樣美，可以看到不同角度的山光湖景，視野廣闊，讓人心情愉快。

【優聖美地】

地址：台北縣新店市屈尺里頂石厝路10號

電話：(02)2666-3507

招牌菜：蕃茄海鮮義大利麵、岩燒火鍋、咖哩牛肉燉飯

價位：餐點380元、下午茶280元

特色：鄰近燕子湖的優勝美地，是一家有歐洲建築風格的度假別墅。這裡有一大片翠綠的草坪，可以讓你野餐、翻滾、聊天、休憩，非常舒服，還可以預約住宿喔！

【湖苑】

地址：台北縣新店市松林路21號

電話：(02)2666-5367、(02)2666-3199

招牌菜：招牌仙草雞、冰滴咖啡、湖苑特調咖啡、特調水果茶

【野宴餐廳】

地址：台北縣新店市屈尺路161-3號

電話：(02)2666-7780

招牌菜：深海魚、山產野菜料理

【湖光山色】

地址：台北縣新店市松林路38號

電話：(02)2666-5367

招牌菜：咖啡、各式簡餐

特色：這裡歡迎事先電話預約，老闆會為客人準備新鮮食材，現點現做，吃起來格外美味。

烏來快樂行

1 紅河谷、加九寮

2 烏來老街

3 孝義賞鳥區

4 信賢、內洞

5 福山村

▶▶▶ 烏來快樂行路線圖

不管你是坐機車、搭公車、坐汽車、還是騎卡打車，只要一從北新路右轉進入新烏路，就會感受到一股「綠色魔力」，引誘你往山林的更深處前進。沒錯！烏來就是個這樣的地方，有紅河谷的崢嶸奇石，有內洞娃娃谷的清涼幽靜，有信賢鳥道的悅耳啁啾，有福山村的自然原始，還有老街、商店街的古今相映，每一條路線都充滿了大自然的蓬勃生氣，以及濃厚深遠的人文氣息，保證你的每一次蒞臨都能滿載而歸。

1 紅河谷

2 加九寮步道

3 烏來台車

4 勇士廣場、烏來瀑布

5 烏來老街

6 孝義賞鳥步道入口

7 烏來國小溪畔

8 信賢吊橋

9 信賢步道

10 種籽親子實小

11 內洞森林遊樂區

12 福山村

13 福山國小

14 卡拉莫基步道

15 哈盆古道

16 巴福越嶺

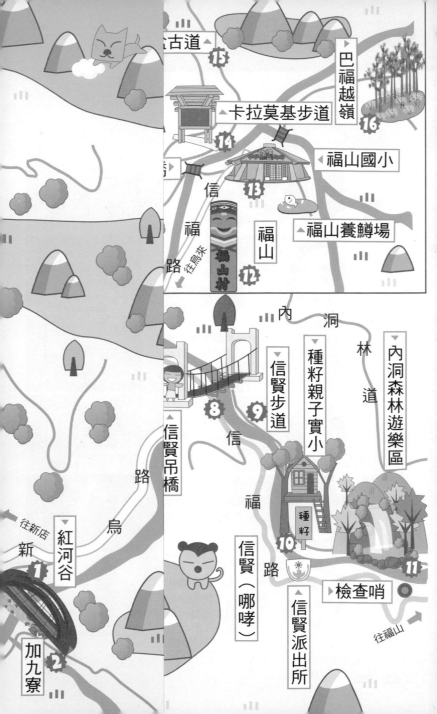

7 Spot 烏來國小溪畔

你有沒有發現？溪流附近的鳥，習性跟森林裡的不太一樣呢！

8 Spot 信賢吊橋

信賢吊橋可是當年連絡南勢溪東西兩岸間，相當重要的交通設施喔！

9 Spot 信賢步道

一邊有山擋住了太陽，一邊是河流，這步道走起來真是涼爽舒服呢！

10 Spot 種籽親子實小

這是一間由家長所創辦的學校，裡面有許多課程和制度都跟一般的學校不同喔！

11 Spot 內洞森林遊樂區

茂密的植物和瀑布的水花，使這裡空氣中蘊含的負離子量是全國森林遊樂區中最高的呢！

12 Spot 福山村

福山村是清代泰雅部落最先定居的地方，因為有許多珍貴林木，所以被日本人稱為「有福氣的山」。

福山國小
13 Spot

福山國小的學生人數雖然不多，
但他們卻個個不簡單哩！

卡拉莫基步道
14 Spot

卡拉莫基步道算是精簡版的哈盆
古道，走起來難度不高，沿路
動、植物景觀相當豐富。

哈盆古道
15 Spot

哈盆古道是從前當地居民與外地
聯絡的兩條重要道路之一，沿途
林蔭遮天、風景迷人，素有「台
灣亞馬遜」之稱。

巴福越嶺
16 Spot

巴福越嶺以前是桃園與烏來的泰
雅族人聯絡、狩獵、通婚的主要
道路，因此有「姻親路」之稱。

行程說明

我們的烏來快樂行路線，區分為「紅河谷、加九寮」、「烏來老街」、
「孝義賞鳥區」、「信賢、內洞」、「福山村」五區，分別說明這五條路
線裡各景點的景觀、生態、人文現況，在我黑熊叔叔和溪哥、小樹蛙兩位
可愛小朋友的引導下，相信不僅能讓你學會如何自行規劃行程，到各處旅
遊，做個稱職的小導遊，也能透過這次旅行，學習到許多生態、人文知
識。現在就讓我和溪哥、小樹蛙，帶你一起來體驗充滿驚奇與美妙的「烏
來快樂行」吧！

第 **1** 站

▶▶▶ 紅河谷、加九寮

（一）紅河谷：

 從鄉園餐廳前右轉下去，就可以到達第一站的目的地——紅河谷了。

 紅色的河水？好噁心、好恐怖啊！

 到了，這裡就是紅河谷了。

 真漂亮的溪谷啊，跟想像中完全不一樣！

對啊，怎麼會有「紅河谷」這個怪名字呢？

黑熊叔叔說

紅河谷小檔案

此地古名稱是加九寮，相傳之前有學生在此地遊覽時，覺得此溪谷有當時電影「紅河谷」的氣勢，便在溪旁大石上寫下此名，當地居民也甚是喜歡，最後經鄉公所更名，始有紅河谷正式名稱出現。

　　紅河谷的新地標——加九寮拱橋，是由於2004年艾莉颱風引起洪水沖斷舊橋後建造。站在橋上可以俯瞰南勢溪水從底下流過。當地居民訴說著以前在秋天的時候，會有成千上萬的毛蟹經過此地踏上返鄉之路，可惜近年來因為水壩的建設及河流的汙染，此景已經看不見了。

 既然來了，我們下去走走吧！

 萬歲！玩水囉！

 要玩水之前，你們先好好的「觀察水」，看看哪裡是安全的，哪裡又可能有危險，這樣才能安心的玩。

俗話說：「水能載舟，亦能覆舟。」清涼的溪水玩起來固然是相當痛快，不過到了不熟悉的地方，我們要學會去觀察、了解危險的所在，這樣才能玩得快樂又平安！「加九寮」的泰雅語為 "Sokalie"，代表漩渦的意思，水面下的危險狀態從此可見一斑，你知道嗎？有些現象可以幫忙我們讀出河流的語言喔！

★ 認識河流的語言：

河流的顏色：仔細看看河面的顏色，是不是有部分呈現較深的綠色呢？這些地方的水深通常深不見底，而在河岸凹陷處更可能形成漩渦，遊玩時要避免靠近！

河流的搬運與堆積：河流自上游將岩石沖刷而下，越往下游沖刷力量越小，河流所能負荷的岩石重量也越小，所以下游的沉積物一般來說比上游的輕；仔細看看河流轉彎處的兩岸，是否也有砂石沉積的情況？

河流的侵蝕：這些像是千層派的巨岩，可是先經過沉積作用形成明顯的分層，再由造山運動將地殼隆起，最後經過南勢溪日夜不斷的侵蝕所構成。一般而言，在河流轉彎處的外側水流較快速，侵蝕能力亦較強。

Q.請你把看到的紅河谷（沿岸石頭、河水
　顏色的變化⋯⋯）記錄起來。

（通過了加九寮拱橋，三人繼續前進，到達二號橋上）

 真是漂亮的溪谷，吹著微風讓人
覺得真舒服。

 對啊！乾淨的溪水再搭配兩岸茂
密的植物，我要叫它作忘憂谷。

 這一條就是加九寮溪，因為來這裡
遊玩的人都有一致的觀念，就是不
在這裡製造汙染，還會把一些不
屬於這裡的垃圾帶下山，因
此這裡的美麗是許多人
的功勞。

▼ 加九寮溪畔有一登山
步道可通往拔刀爾山
及三峽熊空

▲ 站在二號橋上可以
看見古斷橋遺跡

◀ 此地生態保
持完整，四
處可見林立
的大樹

◄ 加九寮步道有兩個入口，一個在南勢溪右岸，有個吊橋入口可通往加九寮人行步道

◄ 另一個入口在過了加九寮拱橋後，前行不久，即可看見加九寮人行步道入口指示牌

（二）加九寮步道：

 對了，剛剛來的路上有一個加九寮步道的指示牌。我以前就聽說加九寮步道是個很棒的地方，只是一直沒有機會走訪，有沒有興趣陪黑熊叔叔去看看啊？

 好啊好啊！沒問題。

 去那邊會不會走得很累啊？

 不用擔心，雖然步道長2100公尺，可是高低落差只有30公尺，一路相當平緩，大約1小時就可以走完，我們可以慢慢走，不用急。

 黑熊叔叔，這條步道看起來年紀很大了，它以前是做什麼用的呢？

 溪哥的觀察力真敏銳！這裡從前的樟樹資源相當豐富，盛產樟腦，所以這條路徑本來是給運送木材的台車所走的車道，在林業衰落後，轉變成一處健行步道。

▶ 沿途有溪澗傾瀉而下，雖然規模不大，但在近距離觀賞下也別有特色

▲ 途中會通過一條隧道，到達此處時，恭喜你已經走完步道的一半了

▲ 脆弱的頁岩結構，崩落成一條條有如「小鉛筆」或「番薯籤」的形狀

★ 認識加九寮步道的生態資源：

● 大自然總是充滿驚奇，這隻蜘蛛把網加上漩渦狀的裝飾，看起來是否和一般的蜘蛛網不同呢？據說這種特別的裝飾能夠反射紫外線，吸引更多昆蟲前來「自投羅網」

● 黑擬蛺蝶是常在陰暗環境中出現的蝴蝶，這種蝶類往往都能夠和環境有融為一體的感覺，用良好的偽裝躲避天敵

● 加九寮附近有豐富的森林資源，吸引許多鳥類來此覓食或築巢。圖中的朱鸝因為數量稀少，想看到可需要一點運氣

● 良好的生態系中，獵食者是不可缺少的角色，與牠們不期而遇時，請相互尊重，一般只要不讓牠們感覺受到威脅，牠們多是溜之大吉而不會主動攻擊

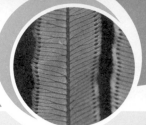

 你們看！這裡有顆愛心耶！

 喔！這是蕨類的嫩芽，加九寮步道因為林蔭的遮蔽，再加上岩壁中會滲出山泉水來，整體環境是屬於比較陰暗潮溼的狀況，所以相當適合蕨類生長。你們可以把蕨葉翻過來，看看有沒有什麼特別的收穫。

 哇！這一點一點的是蕨類的果實嗎？

 哈！這是蕨類的孢子囊群，是蕨類繁殖的工具。

 黑熊叔叔說

蕨類小檔案

蕨類和一般植物最大的不同，就在於蕨類並不會開花結果，但這樣它要如何延續生命呢？祕密就在於「孢子」。蕨類產生的孢子會發展成雄配子與雌配子，在通過水的幫助下結合成受精卵，以達到繁殖的效果。

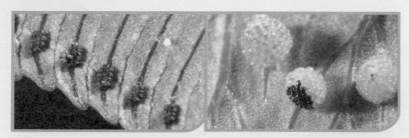

🔵 放大鏡下的孢子囊

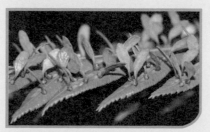

🔵 不定芽羽片上生長出的小芽，
是蕨類無性生殖的方式

　　距今約三億四千萬年前，也就是恐
龍稱霸地球的時候，蕨類就已經存活
在這片大地上了。現今全世界大約有
一萬兩千種的蕨類植物，台灣就擁有
近六百種，有著相當高的種類密度。

★認識加力寮常見的蕨類植物：

🔵 山蘇

1. 鐵角蕨科。這一棵棵「借住」在樹幹上的植物，就是餐桌上「炒山蘇」的主角了，因為長得像是一窩窩的鳥巢，所以又叫做「鳥巢蕨」。
2. 依附在大樹上的山蘇只是希望有較高的生長位置，以吸取足夠的陽光來進行光合作用，並不會吸收大樹本身的養分，所以對「房東」來說不會產生重大的影響。

🔵 伏石蕨

1. 水龍骨科。伏石蕨喜歡沿著潮溼的岩壁或是樹幹攀爬而上，因此又有「抱樹蕨」的別號。
2. 仔細觀察照片中的伏石蕨，有沒有發現它擁有兩種不同型態的葉片？其實這是一種分工合作的現象：較圓短的是它的「營養葉」，主要功能是進行光合作用、製造營養；另外較細長的是「孢子葉」，主要功用是繁殖，所以後方才會附著了許多的孢子囊。

● 筆筒樹

1. 杪欏科。和一般低矮的蕨類不同，筆筒樹擁有可達四公尺的筆直莖幹，上頭頂著如大傘般的羽葉。
2. 觀察筆筒樹的莖，你會發現其上布滿菱形或是橢圓形的花紋，有人覺得這像是百步蛇的紋路，所以就稱它為「蛇木」。其實這些花紋是它葉柄老化脫落後所留下的痕跡。
3. 和它同屬杪欏科的其他親戚會將老葉柄留下並不脫落，猶如穿了件裙子，可作為區分的方式。

● 海金沙

● 海金沙的羽片

海金沙科。海金沙的葉片長度可是世界冠軍呢！或許你會納悶，這一小片葉子怎麼可能是世界冠軍？其實我們看到這個類似葉子的東西，只是它的小「羽片」，真正的葉要包括在地上攀爬的葉軸，所以當你遇到它後，可以量量看你所遇到的葉子長度是否可以再創新紀錄！

Q1.小朋友！在你這次的步道之旅中，可有發現讓你驚奇的動、植物？趕快把它的外觀和出現環境記錄下來，等回家再查詢它的相關資料。

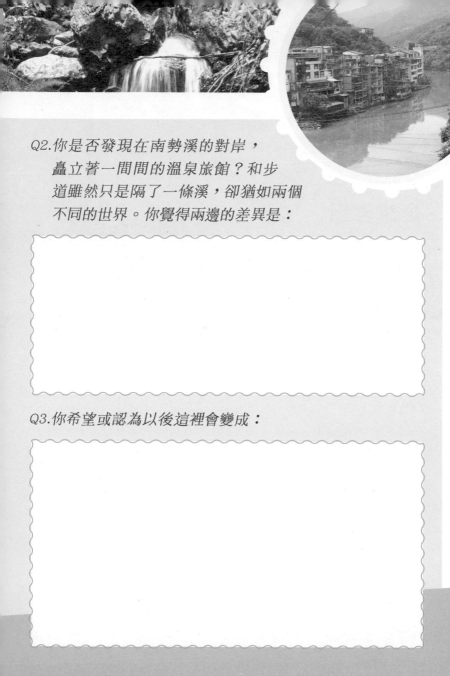

Q2.你是否發現在南勢溪的對岸，
　　矗立著一間間的溫泉旅館？和步
　　道雖然只是隔了一條溪，卻猶如兩個
　　不同的世界。你覺得兩邊的差異是：

Q3.你希望或認為以後這裡會變成：

第2站

▶▶▶ **烏來老街**

（一）烏來台車：

黑熊叔叔，這裡好熱鬧啊！跟我們之前去的地方都不一樣！

我知道！這裡是烏來的老街，因為是最熱鬧的地方，所以也有「黃金街」之稱。你看街上有賣好多有關原住民的物品，附近還有好多溫泉旅館呢！

是啊！當初在泰雅語中 "Urail" 就是「冒煙的熱水」的意思，也是現在烏來名稱的由來，所以可想而知，這裡最有名的就是溫泉了，不過除了溫泉，還有很多東西也很有看頭喔！我帶你們去瞧瞧吧！

黑熊叔叔你看！鐵軌！這裡也有火車喔！

這不是給火車走的喔！它是台車軌道，負責連絡覽勝大橋到烏來瀑布之間的交通，是除了步行之外的另外一種選擇。

那我們趕快去坐坐看吧！

黑熊叔叔說

烏來台車小檔案

台車俗稱輕便車，早期是以人力推動，用來運輸桶後、福山、孝義地區的木材；在當時生活條件不佳的情況下，便有工人在運送木材時搭載觀光客以賺取額外的收入。而後林業逐漸衰微，因此留下這段約1.7公里的軌道，搭載到烏來地區觀光的遊客。

▲ 通過覽勝大橋後，可以看見矗立眼前的烏來台車指標，順著樓梯上去，即可到達乘車處

▶ 尚在籌備中的台車博物館，收集了許多烏來台車的歷史資料

◀ 在台車站前，擺放了最原始的台車模樣

（二）勇士廣場、烏來瀑布：

 這裡是瀑布商店街的勇士廣場，是烏來相當熱鬧的地方，路邊種了許多不同品種的櫻花，每年春天時，盛開的花朵總是吸引許多人駐足觀賞。

 你們看！這裡有纜車可以直接跨越溪谷到對岸。

 好高唷！看起來有點可怕。

 不用怕！搭乘這纜車可以直接俯瞰整個溪谷；纜車的終點是雲仙樂園，這個標榜尊重大自然的園區，已經有超過40年的歷史了，裡面有著豐富的生態資源，我們也可以進去瞧瞧喔！

 你們有沒有發現，纜車下面這個瀑布好壯觀喔！

 這是最著名的烏來瀑布，高度足足有80公尺，日本人更因為它的壯麗氣勢，給了它一個「雲來之瀧」的稱號！

黑熊叔叔說

烏來瀑布發現傳說

相傳當初這個瀑布是由一位原住民獵人發現的。他在射中一隻鹿後，一路緊緊追趕這隻鹿，最後發現鹿跑到瀑布下方的水潭來浸浴療傷，也因為這個發現，烏來瀑布才得以廣為人知。

Q1. 小朋友想想看：「雲來之瀧」的「瀧」字，是由一個「水」字邊再加上一個「龍」所組合而成，你覺得這個字代表了什麼意涵？

....

....

....

....

Q2. 所以雲來之瀧的意思應該是：

....

....

....

....

這條情人步道旁邊就是台車軌道，我們就沿著步道慢慢往回走，等一下再到老街品嚐泰雅傳統美食。

好耶！先運動一下，等等就可以好好的大吃一頓了。

就只想到吃，再吃下去會愈來愈胖喔！

▶馬賽克拼湊出泰雅族的意象，一路上不難見到充滿「原」味的裝飾

▲ 步道旁可以看見這種充滿巧思的涼亭，就藏身於整個大自然中

◀ 步道一旁是台車軌道，另一旁則是南勢溪溪谷

(三) 烏來老街：

 黑熊叔叔你看，好特別的房子喔！

 喔！這是新成立的烏來泰雅博物館，裡面介紹了許多泰雅族的傳統文化，包含有建築、服裝、狩獵、音樂……

 黑熊叔叔，這些以後再講啦！我現在只想好好吃一頓美食。竹筒飯、小米麻糬、馬告雞湯、石板烤肉……，所有的泰雅美食我都要吃一遍啦！

 看來剛剛那一段路溪哥走得很「努力」喔！我這就帶你們去品嚐所有的泰雅傳統美食，不過「小米酒」這可是要等到你們年滿18歲以後才能品嚐的唷！

第**3**站

▶▶▶ 孝義賞鳥區

▲孝義賞鳥步道由此進
（烏來街轉啦卡路）

（一）孝義賞鳥步道入口（烏來國小）：

　首先檢查裝備，迷彩服和賞鳥帽、雙筒望遠鏡、野鳥圖鑑、
空白筆記本，都帶齊了嗎？

　有！

　黑熊叔叔，大家到烏來都是為了泡溫泉，為什
麼你要我們帶這些呀？

　我們今天不是為了溫泉來的，我們要去的地
方是「孝義賞鳥區」喔！

　我昨天上網查了資料，烏來的孝義賞鳥區是
國際級的賞鳥區呢！

　真的嗎？那就……衝啊！

　　烏來的賞鳥區範圍非常大，除了孝義以外，信福路、娃娃谷、福山村、桶後、內洞等區域，都是適合賞鳥的地方，孝義、桶後的相關位置圖如下：

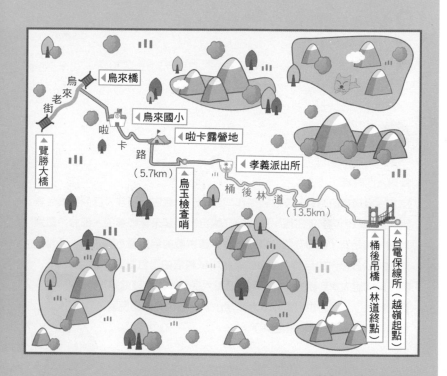

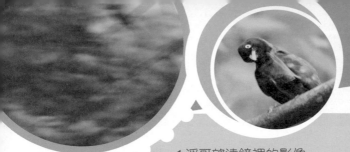

▲溪哥望遠鏡裡的影像

 看！有一隻紅色的鳥耶！

 在哪裡在哪裡？我用望遠鏡找找看……沒有啊！

 你們兩個小傢伙，看樣子還是賞鳥活動的菜鳥呢！我來告訴你們一些賞鳥的入門要領吧！

 黑熊叔叔說

賞鳥入門要領

首先，發現鳥的時候，要放輕動作與音量，小聲告訴夥伴，以免把鳥兒嚇跑了。像我們穿著迷彩服，就是為了讓自己看起來像樹叢的一部分，戴賞鳥帽，就是為了破壞我們身體的輪廓，讓敏感的鳥兒看不到人形。通常對於100公尺以內的目標，例如在森林中或較窄的山谷對面的動物，用肉眼先找到鳥的機會比用望遠鏡大多了。因為望遠鏡把畫面放大了，同時也把視野縮得非常小，畫面也晃動得厲害，使你可以辨別的東西變得更少了。

★望遠鏡的正確使用方式：

1 先用眼睛找到目標，然後定住視線。

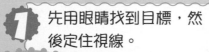

2 再把望遠鏡拿起來，找到目標，把目標移到畫面中間。

3 用望遠鏡上的轉輪把影像調整清楚。

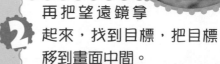

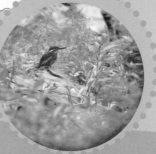

▶ 黑熊叔叔的望遠鏡

 高手級的鳥人，眼睛鎖定哪裡，望遠鏡一拿起來，目標就會在視野的正中央。至於怎麼成為高手中的高手，我只能說：除了練習，沒有捷徑！

 是不是我們的望遠鏡倍率太低了，所以才找不到鳥呢？

 應該不是吧！照黑熊叔叔剛剛說的，倍率愈高，畫面被放得愈大，那麼視野應該愈小，就愈難找鳥了！

 溪哥真的很聰明喔，事實上，一般山區的賞鳥活動，倍率7～10倍的望遠鏡是最適合的，不用太高。

 要怎麼知道望遠鏡的倍率呢？

 你看我的望遠鏡上的標示「8×42」，意思大致上就是放大「8」倍，口徑「42」釐米。口徑愈大的望遠鏡，畫面愈亮，視野愈大，但是也愈笨重，當然也比較貴，所以選用望遠鏡的時候就得看自己是否負擔得起囉！

 小彎嘴好好笑喔，雖然長相兇兇的，卻一副害羞又好奇的樣子，一隻接著一隻從草叢裡探出頭來看我們！

 可是除了小彎嘴畫眉、紅嘴黑鵯這類常見鳥，我們什麼其他的鳥類都沒看見呀！

 對嘛對嘛，這算什麼國際賞鳥區啊……

● 小彎嘴畫眉

 怎麼會呢？這裡的鳥種有100種以上喔！你們靜下心來，仔細聽聽看，數數自己聽見幾種鳥叫聲，聽音辨位也是賞鳥人非常重要的一項本領喔！

 我聽到鈴聲一樣 "MI——RE DO MI——" 的聲音，在陰暗的矮樹叢裡！

 我聽到樹叢裡「都、都、都、都、都」的口哨聲，還有頭頂上「計、計」的鳴聲！

 你們聽見的是白尾鴝、山紅頭，還有小啄木鳥的叫聲喔！

 好像真的有很多種鳥耶，黑熊叔叔，還有哪些賞鳥、找鳥的技巧，快教我們吧！

 想要找到鳥，就要用鳥的方式去思考，想想如果你是鳥，你會喜歡在什麼地方、什麼時間活動呢？

 我會跟著同伴一起活動！待在看得到同伴，同伴也能看見我的地方！

🔵 聲如銀鈴的白尾鴝，喜歡在隱密的灌木叢裡活動

如果我是鳥，我會喜歡在天氣涼爽的時候、在食物最多或是最隱密的地方活動。

噓！你們看，是藍鵲耶！好漂亮喔！牠的個性一定跟牠的美麗外表一樣優雅！

才怪哩，我在網路上常看到藍鵲吃蛇，甚至翻垃圾堆的照片呢！牠應該是個粗野的傢伙！

啊……原來藍鵲是這樣子的！不過黑熊叔叔，我覺得很奇怪，為什麼這隻藍鵲沒有出現在我們剛剛說的那些容易發現鳥兒的地方呀？

鳥兒是既聰明、活動力又強的，別忘了牠們有翅膀呀！剛剛說的那些方法，只是讓入門的你們更容易找到鳥，其實，我們甚至可以找一個舒服的地方，坐著靜靜等待好動的鳥兒自己靠近呢！

● 藍鵲是種聰明、兇悍、又懂得投機的鳥

● 小啄木鳥鳴聲短促而響亮，會在樹枝幹上表演倒掛金鉤

▶ 小樹蛙與溪哥看到的畫面

（二）烏來國小溪畔：

 嘿！你看那裡有一隻小小的綠色鳥喔！應該是翠鳥吧！

 在哪裡在哪裡？為什麼我沒看到呢？不過我看到紫嘯鶇了，哈哈！

 啊……紫嘯鶇在哪裡？

 指示鳥的所在位置時，如果只用手來指出方向，其實是很模糊的，應該找個明確的目標，再告訴對方鳥兒與目標的相對位置。例如：「最大最黑的那塊岩石，右邊的邊緣往下看，就可以發現翠鳥了！」「上頭有一片明顯白色斑塊的石頭，它左邊的石頭上站著紫嘯鶇。」像這樣的指示就非常清楚了！你們有沒有感覺到，溪流附近的鳥，習性跟森林附近的不太一樣啊？

● 紫嘯鶇的武器就是牠尖銳的叫聲

 我覺得森林的鳥兒跟人們碰頭常常只有一下子，然後就飛走了。不過溪流附近的鳥似乎一直在同一個範圍內活動。

 像這隻小鉛球，好像很喜歡站在高高的石頭頂端，像在監視著什麼一樣。

 說得很好，在溪流附近常見的鳥兒，例如鉛色水鶇、紫嘯鶇，還有灰鶺鴒，都是領域性很強的鳥，牠們隨時會注意有沒有其他的鳥侵入牠的地盤，一旦發現入侵者，就會設法把牠趕走，或是引牠離開牠們築巢的地方。

 那河烏為什麼都沿著河飛，來去匆匆，不停下來讓我看清楚？

 河烏的活動領域是一大段的河道呢！所以牠不會一直留在一個小範圍裡活動，而是「一站一站」的停留。只要你有耐心，在牠們活動最頻繁的地點等一段時間，還是可以見到牠們潛水覓食的畫面！

● 可愛的鉛色水鶇其實常常兇巴巴的驅趕入侵者，牠們甚至會把敵人引誘到不是自己築巢的地方，小小的身軀卻裝著聰明的腦袋呢

 剛剛在溪邊一邊看鳥，一邊吃午餐，感覺好棒喔！

 小鉛球差點就飛來停在我肩膀上了！

 呵呵，你們真可愛！下午3點半以後，也是鳥兒活動的尖峰期，我們再走走看看吧！也許可以看到一些難得一見的珍稀鳥種喔！

 台北也有珍稀鳥種呀？我以為珍貴的動物都躲到東部的山區去了！

 其實只要森林夠大，許多珍貴的生命都會生生不息的陪伴我們。走！我們來找找看有沒有美麗的朱鸝，還有超可愛的日行性貓頭鷹鵂鶹的身影吧！

● 從溪澗到池塘都見得到翠鳥的美麗身影

 朱鸝？該不會是小樹蛙一開始的時候指的那隻「紅色的鳥」吧？嗚哇啊……我沒看到啦！

 別難過啦！最近天氣比較冷，除了朱鸝以外，一定會有很多平常不容易見到的中海拔山鳥，從高處遷移下來避寒，我們一定還會有更多驚喜的發現！

● 朱鸝是烏來最珍貴的稀有鳥種

★ 寒冬時從中海拔降遷下來的鳥：

● 成群活動的小不點——冠羽畫眉

● 漂亮常見的特有種畫眉——白耳畫眉

● 藍寶石一般的好奇鳥——黃腹琉璃

★賞鳥入門的六大要領：

1 鳥兒怕熱，喜歡在涼爽的早晨及黃昏時間活動，賞鳥的最佳時機也在此時。

2 可以在有蟲子聚集，或有好吃果實的地方多多留意或守候，發現鳥的機會較大。

3 較濃密的樹叢、樹林、草叢，都是鳥兒躲藏的地方，可以放慢腳步，多多注意。

4 森林邊緣的枯枝或是較高的枝頭，是某些鳥兒的瞭望台，尤其是猛禽。

5 許多鳥是集體行動的，發現一隻鳥常代表一小群鳥就在附近，甚至有共同行動的不同鳥種。

6 許多猛禽會利用山谷地形產生的上升氣流盤旋到空中，不妨偶爾抬頭注意遠方山峰的稜線。

第4站

▷▷▷ **信賢、內洞**

（一）信賢吊橋、信賢步道、種籽親子實小：

 離開烏來商圈了，黑熊叔叔現在帶你們去信賢部落走一走，那邊也很好玩喔！

 喔耶！

你們看！這裡有座吊橋耶，看起來滿新的，不過跟碧潭吊橋比起來就小多了！

你不要小看這座吊橋，以前的它還可以讓車輛通行呢！走起來雖然有些搖晃，但結構卻相當牢固，站在橋上可以俯瞰南勢溪從腳下流過。

 那我們快點到橋上看看吧！

▶ 長約3公里的信賢步道，一路平坦，加上氣候涼爽，所以走起來相當舒服

黑熊叔叔說

信賢吊橋小檔案

原本從烏來到福山之間的道路只在南勢溪右岸，到了信賢地區就得從左岸過橋，才能繼續通行，所以當年信賢吊橋可是相當重要的交通設施。現今左岸道路開通且方便，因此右岸少有車輛通行，遂逐漸變成遊客踏青的地點。原本的吊橋因為年代久遠，鄉公所於是在95年時將它重新整修一番，新的信賢吊橋除了看起來煥然一新之外，也更加安全了呢！

一邊有山擋住了太陽，一邊是河流，這步道走起來真是涼爽舒服！還一直聽到動物叫聲，不過我怎麼都找不到啊？

有啊，小樹蛙你看！那邊樹枝上有一隻紅色的紅山椒鳥，牠就是之前介紹過的「灰喉山椒」的雄鳥，而我們現在聽到的「啾、啾」叫聲，應該是叫聲像鳥的斯文豪氏赤蛙所發出的聲音。

沒想到溪哥平時臭屁歸臭屁，還挺有學問的嘛！

◀ 步道旁常有山澗傾瀉而下，因為少有車輛干擾，所以山澗旁的岩壁是許多生物良好的生存空間

◀ 山壁上陰暗潮溼的環境，是許多蕨類和兩棲類喜歡的棲地

★認識信賢舊道的常見生物：

● 紅山椒鳥又稱灰喉山椒鳥，雌鳥與年輕的雄鳥身體為黃色，屬於保育類動物，常成群出現在道路兩旁的電線或樹枝上

● 鉛色水鶇是南勢溪沿岸常見溪鳥，往往可見其站立在石頭上面捍衛自己的領域，一般來說都是成對出現，雄鳥有著鮮豔的紅色尾羽

● 斯文豪氏赤蛙是體型中大型的蛙類，體長約在5～7公分左右，喜歡躲在山澗的石縫隱蔽處，發出的叫聲常常讓人誤認為是鳥叫

● 山窗螢（10月中旬後出現）。步道上昆蟲種類繁多，且因環境沒有光害，這裡每年4、5月與10月中旬，可見到螢火蟲在道路兩旁飛舞

Q.小朋友，你還在路上看到哪些動物或植物？有什麼樣的外表？正在做什麼？趕快用你的相機或畫筆記錄下來吧！

（三人走到了信賢步道底）

「種籽親子實小」，好特別的名字啊！這是學校嗎？

是啊，這是一間由家長所創辦的學校，希望小朋友們能在自然環境中自主的學習，雖然享受自由，卻也學習負擔起應盡的責任，因此裡面有許多課程和制度都跟一般學校有所不同喔！

▲ 校園中處處可見巧思的布置，增添不少活潑的感覺

◀ 校園內一座相當有特色的木屋。不只是好看喔！它的結構相當堅固，是小朋友們相當喜歡的場所

◀ 圍繞校園的大樹，下方有一個平台，好天氣時，在這裡上課或表演，別有一番風味

◀ 遊樂區裡的羅好水壩，名稱也是取其泰雅語 "Rahau" 的音譯而來

（二）內洞森林遊樂區：

剛剛走了那段步道，身上流了些汗。走！黑熊叔叔帶你們去「洗澡」！

洗澡！在山上洗澡？要脫光衣服……我會害羞啦！

▲ 內洞步道中，兩側蒼翠的原始林相一路相伴

黑熊叔叔說

內洞森林遊樂區小檔案

內洞森林遊樂區必須購票進入，全票80元，半票40元，特別優待票10元。台北縣民可憑證件購買半票優惠。由於裡面蛙類眾多，到了晚上蛙鳴不絕於耳，故另有「蛙蛙谷」之稱，後來才轉變為「娃娃谷」。最早泰雅人將這裡稱之為 "Rahau"，有人翻譯為「蚋哮」，意思是「濃密的森林」。

黑熊叔叔，這裡又不是溫泉區，怎麼可能在這裡洗澡呢？難道要跳到河裡面嗎？

我們正在洗啊！不過洗的是「森林浴」。因為這裡進行光合作用的茂密植物，以及等一下會看見的瀑布衝擊水面引起的水花，使這裡的空氣中蘊含的負離子量是全國森林遊樂區中最高的，負離子可以促進我們身體的新陳代謝，減低疲勞感。

難怪裡面空氣這麼清新！

▶ 園區內的三層瀑布各具特色，近年來又在旁邊設置觀瀑亭，讓人有置身世外桃源之感

Q1.小朋友！三大瀑布好像還少一層，趕快去找找少了哪層，用你的畫筆或照相補上來吧！

你們看步道旁這一大叢的植物,好像是秋海棠,對不對?

答對一半,這種秋海棠的葉子你看像不像鴨掌?它的全名叫「水鴨腳秋海棠」,大多成群生長在潮溼的地方,葉柄與莖富含水分,是在野外缺乏水源時的救星!但因為含有蟻酸成分,所以一次嚼食量不能太多,否則會刺激腸胃,導致腸胃炎喔!

★水鴨腳秋海棠利用圖解:

1 取一段較嫩植株。

2 拔除葉片。

3 去絲。

4 可以品嚐啦。

 你們看，這棵植物掉下來的種子好可愛，好像戴了帽子喔！

 喔！它就是你眼前這棵樹的果實！它叫做「青剛櫟」，跟好吃的栗子一樣屬於殼斗科的植物；殼斗科植物是台灣中海拔山區很常見的樹種，它們除了是蝴蝶幼蟲的食草之外，樹幹流出的汁液也很受昆蟲的歡迎，常常可以見到甲蟲聚集在上面享用。

 真的嗎？那我可要好好找一找。

★ 青剛櫟果實好好玩──小陀螺：

 取果實一粒，牙籤尖端一段。

 摘除小帽子。

 用牙籤刺入頂端中心，陀螺完成。

（因為製作小玩具時，會用到尖銳的物品，所以請家長與小朋友共同進行）

Q2.小朋友！大自然中有許多奇特的模仿秀，例如：被流水侵蝕後的岩石變成青蛙形狀的青蛙石；為了逃避天敵而長得像葉片的蝴蝶；有鴨子腳掌般的植物。現在，我們再找找看，還有沒有其他的模仿表演出現在我們身邊呢？

我在＿＿＿＿＿＿＿＿＿＿（地方），找到＿＿＿＿＿＿＿＿＿＿，

我覺得它（牠）很像是＿＿＿＿＿＿＿＿＿＿＿＿。

（請在空格中將你找到的物品畫下來或是貼照片）

我在＿＿＿＿＿＿＿＿＿（地方），找到＿＿＿＿＿＿＿＿＿，

我覺得它（牠）很像是＿＿＿＿＿＿＿＿＿＿。

（請在空格中將你找到的物品畫下來或是貼照片）

 這裡面還有一條森林步道，全長大約2.2公里，有沒有興趣一起去挑戰看看？

 我想……我們還是下次再來挑戰吧！

 溪哥哥哥，你要多多運動，不能這樣子就被嚇到啦！

第5站

▷▷▷ 福山村

▲ 烏福檢查哨

（一）福山村：

黑熊叔叔！再往烏來的深山裡還有一個福山村，那是怎麼樣的地方呢？

福山村是清朝泰雅部落最早定居的地方，後來泰雅人才漸漸往烏來地區擴張；當初日據時代，因為有許多珍貴林木，所以被稱為「有福氣的山」。一般遊客比較少到這裡，只有「巷子內」的人才知道。

怎麼入口被擋住了呢？

會不會是裡面太危險了，所以禁止進入？

▶ 群山環抱的福山村，居民多為泰雅族人

▼ 前往福山村的道路上常有生物通過，請相互尊重

▶ 沿路有許多瀑布，氣勢相當磅礴

▲ 路旁的大花咸豐草，是許多昆蟲最愛的食物

 不用擔心，因為福山村跟桶後林道一樣，都屬於山地特定管制區，所以對進村遊客必須作記錄，我們只需要持身分證到檢查哨辦理乙種入山證就可以了！

 終於到福山村了，你們看！有個好巨大的雕像啊！

 這個路標指示牌造型也跟我們平常看到的不一樣耶！應該有特殊涵義吧？

 因為這裡是以泰雅族為主的社區，所以他們發揮創意，讓這裡到處都可以看到泰雅族的特色。

Q.小朋友！找找看還有哪些特別的圖騰是他們沒有發現的，
可以畫起來或拍照貼上來，並猜猜看它代表什麼？

▶ 福山國小四周盡是大樹，擁有相當豐富的自然資源

（二）福山國小：

這裡有這麼多教室，又有球場……，我想這裡應該是學校吧！可是怎麼會有這麼特別的房子呢？

溪哥真是聰明！這裡是被群山擁抱的小學——福山國小，學生人數雖然不多，卻個個不簡單；你看到的圓屋頂建築是間展示館，裡面除了陳列許多泰雅傳統文物之外，它也是福山的小朋友練習、演出傳統音樂舞蹈的場所；除此之外，還有泰雅藝術家在這裡教導小朋友雕刻傳統木雕。福山國小可說是課程相當豐富的小學。

黑熊叔叔別再介紹了啦！趕快帶我們進去參觀啊！

◀ 相傳亞維‧布納是帶領泰雅族人到此定居、開發的頭目

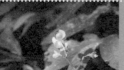

◀ 種植多樣水生植物的水生池，晚上是青蛙繁殖的好場所

◀ 傳統泰雅男孩在15～18歲通過狩獵的考驗，女孩滿13歲善於織布，才有資格在臉上紋這種代表成長的榮譽標誌

▼ 校園中滿植蜜源與食草植物，再加上附近山區的原始資源，使這裡隨時可見彩蝶飛舞

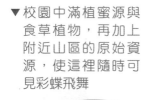

▶ 壺穴地形是由水流夾帶砂石侵蝕
河床而成，河床產生凹洞後，侵
蝕作用更容易在原處發生

（三）卡拉莫基步道、哈盆古道：

（離開了福山國小，三個人一起走到了福山一號橋）

下面的河流看起來好清涼喔！真想下去泡泡腳！

這條河流叫做南勢溪，會流往下游直潭的自來水廠，小樹蛙
你下去泡腳，大家都要喝你的洗腳水了！

哈哈！溪哥你就不要取笑小樹蛙了，其實這條南勢溪是由上
游的哈盆溪、札孔溪、大羅蘭溪三條匯流而成，我們下去玩
玩水是可以的，但一定要注意必須有大人陪伴，以保安全，
並且不要製造垃圾汙染了河川。

★認識卡拉莫基步道的動物：

● 乾淨水域中蘊藏豐富的水中昆蟲，是溪
鳥的最愛

● 福山村因為景觀原始，自古以來就是賞
蝶重鎮，在溪畔常可見到成群的蝴蝶聚
集在水邊吸取水中的礦物質，幫助自己
加速成長

◀ 由此進入全長約2.4公里的卡拉莫基步道，這是從前泰雅族人狩獵時的運輸道路

◀ 卡拉莫基步道算是精簡版的哈盆古道，走起來難度不高，沿路景觀相當豐富，不時有昆蟲或竹雞出現在步道上，只要不驚擾牠們，你必定能獲得特別的經驗

 這一條卡拉莫基步道，不知道可以通到哪？

 喔！這條約2.4公里的步道接往哈盆古道，古道一路沿著哈盆溪上溯到宜蘭員山鄉福山植物園外圍，全長30公里，是從前當地居民與外地連絡的兩條重要道路之一。哈盆古道沿途林蔭遮天、風景迷人，素有「台灣亞馬遜」之稱，相當值得探訪。雖然路程長，但一路走來相當平坦；另外一條古道「巴福越嶺」，挑戰難度就更高了。

 這種最適合我啦！走，我們去挑戰巴福越嶺！

◀ 哈盆溪的水質清淨沁涼，時而平坦時而湍急，沿途地形景觀變化大，加上兩岸綠蔭相映，令人感到相當舒服

（四）巴福越嶺：

黑熊叔叔說

巴福越嶺小檔案與叮嚀

由福山通往巴陵拉拉山的巴福越嶺，全程長達17公里，在以前是桃園與烏來的泰雅族人連絡、狩獵、通婚的主要道路，因此有「姻親路」之稱。在日據時代曾闢為警備道路，至今沿路仍可看見當時警察駐在所的遺跡。

因為路程中通過插天山與達觀山兩個自然保護區，現已規劃為國家步道並受到管制，所以一般遊客需要申辦甲級入山證方得進入。越嶺中景觀原始、物種豐富，請不要汙染、破壞這得來不易的環境，並注意自身安全與柴火使用，以免釀成大災害。

通過這座吊橋就是巴福越嶺的起點了。Are you ready？

Yes！

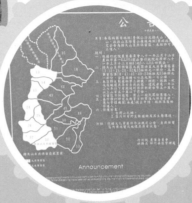

由前人一步步踏出來的古道雖然平坦，但路寬較窄，行走時請小心

▲ 這裡屬於自然保護區，森林中住著許多珍貴的生物，所以請保持安靜，不要打擾牠們，也不要留下垃圾

◀ 巴福越嶺沿途每公里都會有指標指示，可以依照自己體力訂定不同的挑戰目標

好累啊！怎麼好像走都走不完啊！到底還有多遠？

巴福越嶺的「福」指的是福山，「巴」指的是巴陵，所以整條步道是從福山到巴陵拉拉山，之前福山國小的小朋友做尋根之旅，可是一個下午就挑戰成功了呢！不過我看溪哥你這三腳貓的體力，還是回去鍛鍊之後再來挑戰吧！

★認識福山村的野生動物朋友:

● 蜻蜓的幼蟲水蠆必須生活在水中,所以在溪溝旁常可看到蜻蜓活動

● 福山的夜晚,聆聽躲在植物叢中的鳴蟲們,交織出一場山林音樂會

● 鳥類是福山的好朋友,牠們大多警覺性高,使用望遠鏡觀察時記得保持安靜,你將會有意想不到的接觸經驗

● 細細的流水、濃密的植被,構成了青蛙們最喜歡的棲息與繁殖場所

● 福山村有許多讓人驚豔的蝶類,像圖中的枯葉蝶,就像一片葉子般躲藏在樹上,考驗你的眼力

● 甲蟲更是福山村的特色,因為牠們有趨光性,所以夜晚常會在路燈附近發現牠們的蹤跡

烏來

【巨龍山莊】★★★

地址：台北縣烏來鄉忠治村堰堤85號

電話：(02)2661-6333

招牌菜：烏龍燻雞、白雲豆腐、酥炸溪蝦、茶餅

價位：兩人份五菜一湯900元（服務費一成）。

特色：位於南勢溪洪荒峽畔的巨龍山莊，是在烏來地區經營多年的溫泉飯店，不僅坐擁溪谷美景，還是泡湯、吃美食、泡茶聊天的好去處，適合全家人選個假日午後來此悠閒一下。

【高家冰溫泉蛋創始店】★★★★

地址：台北縣烏來鄉烏來村烏來街135號

電話：(02)2661-7458

招牌商品：冰溫泉蛋、紹興酒蛋、山粉圓、愛玉冰、仙草蜜、八寶粥

價位：冰溫泉蛋每粒10元，紹興酒蛋每粒15元，山粉圓、愛玉冰、仙草蜜每杯30元，八寶粥每碗50元。

特色：覽勝大橋附近的「高家冰溫泉蛋創始店」是烏來老街中頗具知名度的店家，自從研發了「冰溫泉蛋」之後更是受到平面、網路媒體的特別報導，店裡除了蛋白軟嫩、蛋黃香滑的招牌溫泉蛋之外，愛玉冰、仙草蜜等消暑飲品也是廣受歡迎，而「檸檬蜂蜜山粉圓」的酸甜口感，更是不可錯過的好滋味！

【景麗特產行】★★★★

地址：台北縣烏來鄉烏來村烏來街54號

電話：(02)2661-6283

招牌商品：小米麻糬、黑糖麻糬、小米酒、小米酥餅、三薯餅、黑糖番薯

價位：小米麻糬、黑糖麻糬、小米酥餅、三薯餅每盒100元，黑糖番薯每斤120元，小米酒150元起。

特色：來到烏來，不買些具有原住民風味的特產帶回家就太可惜了，老街裡的「景麗特產行」是經營了數十年的特產專賣店，從麻糬、糕餅、羊羹、蜜番薯到小米酒，應有盡有，無論是餽贈親朋好友還是請班上同學品嚐，這裡一定讓你滿載而歸！

【櫻花餐廳】★★★

地址：台北縣烏來鄉環山路181號

電話：(02)2661-8085

招牌菜：鱒魚二吃、碳烤山豬肉、馬告雞湯

價位：電洽。

特色：每到春天，沿街綻放的櫻花將烏來點綴得美不勝收，已經開了超過10年的「櫻花餐廳」，因位處在老櫻樹生長之地而得名，店內不僅菜餚可口、風味獨具，店外還有山景相伴，遍地灑落的櫻花，迎接遊客們來此大快朵頤。

【福山養鱒場】★★★

地址：台北縣烏來鄉福山村大羅蘭71號

電話：(02)2661-6079

招牌菜：清蒸鱒魚、鹽酥溪蝦、扣肉桂筍、明日葉雞湯

價位：合菜1100～6000元。

特色：烏來擁有的好山好水，相當適合養殖魚類，而「福山養鱒場」所飼養的鱒魚肉質鮮嫩，是饕客必嚐的美味，除了鱒魚的養殖外，場裡更飼養了許多少見魚種，特別是老闆引進的活化石──鱘龍魚，更是難得一見的魚類。

網址：http://1881.2u.com.tw/index.htm

爸爸媽媽資訊站

旅遊好心情

提到新烏線旅遊，大家一定會先想到「溪流」，因為這裡的旅遊景點大多位於新店溪、北勢溪、南勢溪畔，從有「台灣八景」之稱的碧潭，到湖光山色的屈尺，再到溫泉處處的烏來，都是在美麗的水岸邊。喜愛玩水幾乎是所有孩童的天性，但是到水邊玩，第一要務當然要注意安全，當看到岸邊有「水深危險」的立牌時，千萬要遵守規定，別讓小朋友看到溪水清澈就衝下水去玩；而在安全的水域，您也不妨利用這個機會，教孩子一些溪邊戲水的注意事項，和孩子一起經歷一趟安全快樂的水岸旅遊，一定會留下最美好的回憶。

四季風情，各有不同

夏天到水邊會感覺特別清涼舒適，不過河岸通常比較空曠，烈日當頭，很容易被晒傷，所以出門前的防晒準備是一定要做的，例如：擦防晒油、戴帽子；而冬天到新店、烏來山區遊玩，如果碰上陰溼的雨天，雖然不能走近溪邊湖畔去玩，不過冬季是水鳥群聚的時候，所以在溪邊賞鳥，也是很美好的經驗。

交通方面

1. 捷運： 可搭乘捷運新店線到新店站下車，即可到達碧潭附近。

2. 公車： 在台北市公園路搭乘往新店或青潭的新店客運，即可到達新店的各個景點；由公園路或捷運新店站搭新店客運「烏來－台北」的班車，即可到達烏來景點。

3. 自行開車： 從台北市公館經羅斯福路接北新路，車行約20分鐘即可抵達碧潭；從碧潭到新烏路，車行約半小時可抵烏來；屈尺則位在距離碧潭約10分鐘車程的燕子湖畔。

吃吃喝喝（見新烏線各章內容）

新烏線沿路有許多美食區，而且都各有特色，例如：碧潭的東西岸茶棚，有專賣台灣特色風味的小吃店，有讓人泡茶聊天的茶藝館，還有布置優雅、具異國風情的西式餐廳；屈尺的湖光山色中，座落湖畔的餐廳各有特色，尤其是在美麗的溪邊湖畔欣賞著美景用餐，真是別有一番風味；新烏路上的巨龍山莊、部落特色餐廳，還有專賣泰雅美食的烏來老街，都是讓人聞香下馬、食指大動的美味基地。

我的落葉收藏區

途中拾得飄落的樹葉，把它貼上來吧！為旅程增添更多美好回憶。

我的生物記錄區

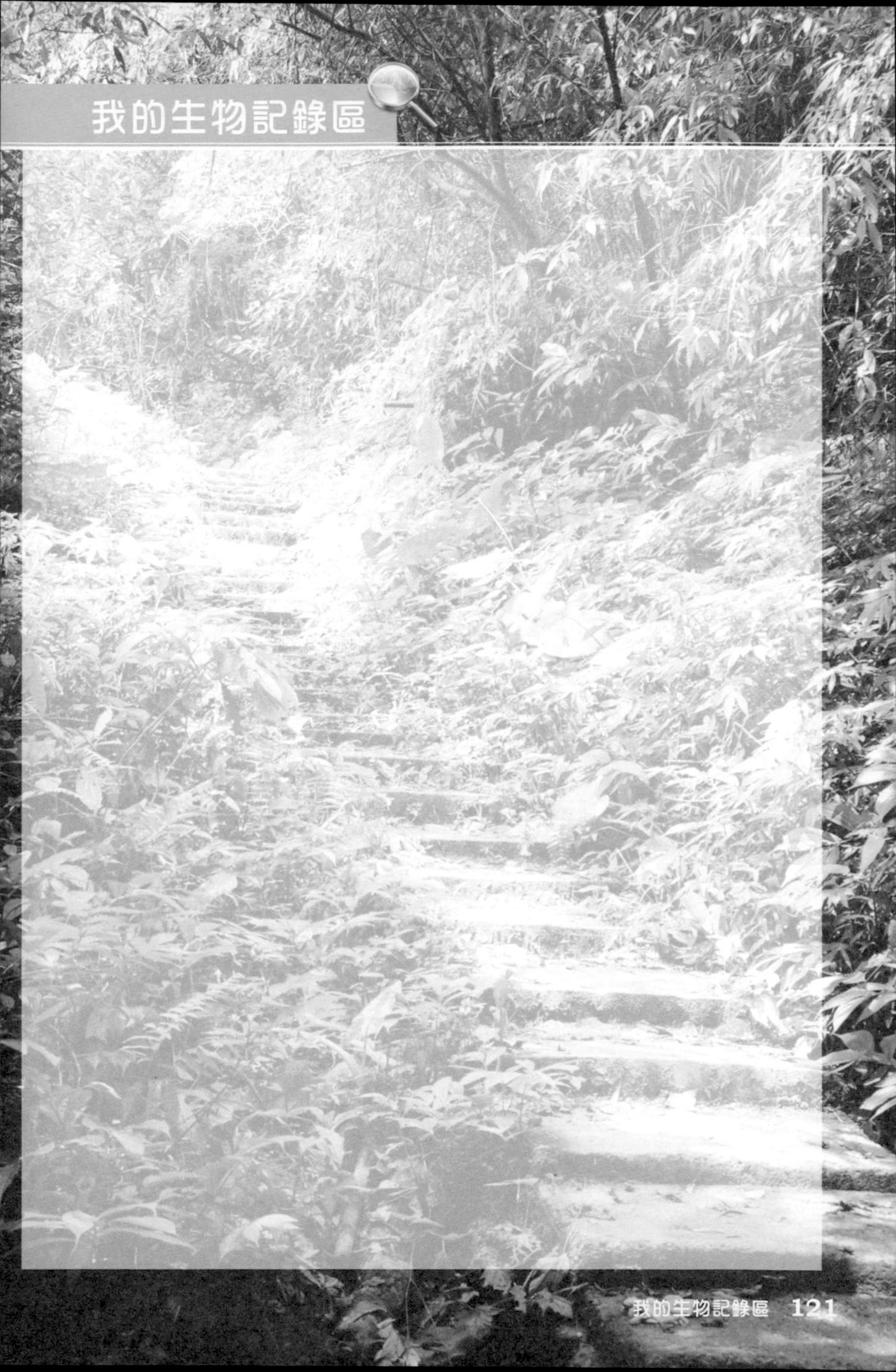

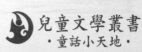

兒童文學叢書
·童話小天地·

為孩子寫16個彩色的夢
《童話小天地》給你不同的驚奇！

丁伶郎	奇妙的紫貝殼
九重葛笑了	奇奇的磁鐵鞋
土撥鼠的春天	屋頂上的祕密
大海的呼喚	細胞歷險記
大野狼阿公	智慧市的糊塗市民
小黑兔	無賴變王子
石頭不見了	愛咪與愛米麗
「灰姑娘」鞋店	銀毛與斑斑

篇篇原創，文字表達清晰，
文筆風趣，語調富節奏感。
插畫構圖取景富於變化，
造型活潑，人物姿態表情生動。

國家圖書館出版品預行編目資料

小小導遊：新店、烏來好玩耶！/焦妮娜,翁詩韻,林家弘,
李政霖編著.－－初版一刷.－－臺北市：三民,2007
　　面；　公分.－－(小小導遊系列)

　ISBN 978-957-14-4893-0 (平裝)

　1.鄉土教學 2.小學教學 3.旅遊 4.臺北縣新店市 5.臺北
縣烏來鄉

523.34   96018742

Ⓒ 小小導遊
——新店、烏來好玩耶！

編 著 者	焦妮娜　翁詩韻　林家弘　李政霖
企劃編輯	田欣雲
責任編輯	田欣雲
美術設計	林韻怡
發 行 人	劉振強
著作財產權人	三民書局股份有限公司
發 行 所	三民書局股份有限公司
	地址　臺北市復興北路386號
	電話　(02)25006600
	郵撥帳號　0009998-5
門 市 部	(復北店)臺北市復興北路386號
	(重南店)臺北市重慶南路一段61號
出版日期	初版一刷　2007年11月
編　　號	S 992730
定　　價	新臺幣150元

行政院新聞局登記證局版臺業字第○二○○號

有著作權‧不准侵害

ISBN　978-957-14-4893-0　(平裝)

http://www.sanmin.com.tw　三民網路書店